小学古诗文教学现状及优化路径探究

李兰兰 著

中国文联出版社

图书在版编目（CIP）数据

小学古诗文教学现状及优化路径探究 / 李兰兰著. -- 北京：中国文联出版社，2024.5（2024.6重印）
ISBN 978-7-5190-5506-6

Ⅰ．①小… Ⅱ．①李… Ⅲ．①小学语文课－教学研究 Ⅳ．①G623.202

中国国家版本馆CIP数据核字(2024)第100822号

著　　者　李兰兰
责任编辑　周欣
责任校对　秀点校对
装帧设计　研杰星空

出版发行　中国文联出版社有限公司
社　　址　北京市朝阳区农展馆南里10号　邮编　100125
电　　话　010-85923025（发行部）　010-85923091（总编室）
经　　销　全国新华书店等
印　　刷　三河市龙大印装有限公司

开　　本　710毫米×1000毫米　　1/16
印　　张　14.25
字　　数　240千字
版　　次　2024年5月第1版第1次印刷　2024年6月第2次印刷
定　　价　60.00元

版权所有·侵权必究
如有印装质量问题，请与本社发行部联系调换

前　言

众所周知，古诗文是中华民族优秀文化遗产的重要组成部分，为了提升小学生的文学素养，它也是小学语文教学中不可或缺的内容。学习古诗文，不仅可以培养小学生的文学素养，还可以提高他们的语言表达能力和审美情趣。然而，当前的小学古诗文教学还存在一些不容忽视的问题，例如选用的教材单一、教学中只重视记忆而不注重理解、教学中缺乏对学生情感体验等方面的内容，等等。针对以上存在的问题，本书旨在探讨小学古诗文教学中应采用的一些有效教学方法，以解决现有教学问题，激发学生对古诗文的学习兴趣，提高古诗文教学效果。

本书共分为十一章，主要内容如下：

第一章为"小学古诗文教学的基本概述"，本章在简要分析古诗文教学的基本概念和特点的基础上，阐述了古诗文教学在小学语文教育中的地位和作用。

第二章为"新课标对小学古诗文教学的要求"，本章在对新课标中小学古诗文教学内容的要求进行阐述的基础上，分析了新课标中对小学古诗文教学方法提出的要求。

第三章为"新课标下对小学古诗文教学现状的分析"，包括对教材内容的分析与评价、对教学方法与策略的现状与存在问题的分析，以及对教师与学生互动情况的分析。

第四章为"提升新课标下小学古诗文教学课程设置"，主要阐述了如何设计符合新课标要求的古诗文教学课程，如何引入优秀古诗文作品和经典文章进行扩展教学。

第五章为"优化新课标下小学古诗文教学资源建设"，包括如何实现多样化教学资源的开发与利用，如何建立与社区、文化机构等的合作关系，拓宽教学资源渠道。

第六章为"新课标下小学古诗文专题教学模块设计与实施"，具体内容包括如何设计符合学生需求的专题教学模块，如何实施专题教学模块，以提高古诗文教学的针对性和趣味性。

第七章为"优化新课标下小学古诗文教学方法与策略"，本章内容涉及多元化的教学方法与策略选择，以及创设情境，激发学生的学习兴趣和参与度。

第八章为"新课标下小学古诗文教学评价与反馈"，主要阐述如何建立科学有效的古诗文教学评价体系，从而为学生提供及时准确的学习反馈。

第九章为"新课标下小学古诗文家校合作教学与社区资源整合"，包括如何加强家校合作，提升古诗文教学的连续性和综合性；如何整合社区资源，拓展古诗文教学的外延。

第十章为"新课标下小学古诗文教育与跨学科融合"，主要探讨古诗文教育与其他学科的关联与融合，并提出如何探索跨学科古诗文教学模式，以促进学科之间的互动与交融。

第十一章为"培养新课标下小学语文教师专业素养"，主要包括对教师古诗文知识与能力的要求，以及如何提升教师的教学设计与实施能力。

本书由李兰兰执笔撰写，由于时间仓促，水平有限，书中难免存在纰漏之处，恳请各位读者提出宝贵意见。

目 录

第一章 小学古诗文教学的基本概述 ·· 1
 第一节 古诗文教学的基本概念和特点 ······································ 1
 第二节 古诗文教学在小学语文教育中的地位和作用 ············· 7

第二章 新课标对小学古诗文教学的要求 ································· 15
 第一节 新课标对小学古诗文教学内容的要求 ······················ 15
 第二节 新课标对小学古诗文教学方法的要求 ······················ 21

第三章 新课标下小学古诗文教学的现状分析 ························· 33
 第一节 教材内容的分析与评价 ··· 33
 第二节 教学方法与策略的现状与问题 ·································· 40
 第三节 教师与学生的互动情况分析 ····································· 47

第四章 提升新课标下小学古诗文教学课程设置 ····················· 59
 第一节 设计符合新课标要求的古诗文教学课程 ·················· 59
 第二节 引入优秀古诗文作品和经典文章进行扩展教学 ······· 70

第五章 优化新课标下小学古诗文教学资源建设 ····················· 81
 第一节 多样化的教学资源的开发与利用 ····························· 81
 第二节 建立与社区、文化机构等的合作关系,拓宽教学资源渠道 ······ 92

第六章　新课标下小学古诗文专题教学模块设计与实施 103
第一节　设计符合学生需求的专题教学模块 103
第二节　实施专题教学模块，提高古诗文教学的针对性和趣味性 110

第七章　优化新课标下小学古诗文教学方法与策略 121
第一节　多元化的教学方法与策略选择 121
第二节　创设情境，激发学生的学习兴趣和参与度 128

第八章　新课标下小学古诗文教学评价与反馈 137
第一节　建立科学有效的古诗文教学评价体系 137
第二节　提供及时准确的学生学习反馈 146

第九章　新课标下小学古诗文家校合作教学与社区资源整合 155
第一节　加强家校合作，提升古诗文教学的连续性和综合性 155
第二节　整合社区资源，拓展古诗文教学的外延 164

第十章　新课标下小学古诗文教育与跨学科融合 177
第一节　古诗文教育与其他学科的关联与融合 177
第二节　探索跨学科古诗文教学模式，促进学科之间的互动与交融 184

第十一章　培养新课标下小学语文教师专业素养 195
第一节　教师的古诗文知识与能力要求 195
第二节　提升教师的教学设计与实施能力 207

参考文献 221

第一章 小学古诗文教学的基本概述

第一节 古诗文教学的基本概念和特点

一、古诗文教学的定义和范围

（一）古诗文教学的定义

古诗文教学，是指在教育教学过程中，对古代诗歌和文章进行系统教学的一种活动。古诗文教学旨在通过教师教授和解读古代文学作品，帮助学生理解、欣赏和传承优秀的古代诗词文化，以培养学生的审美能力、文化素养和语言表达能力。

古诗文教学是一个对古代文学作品进行深入研究和阐释的过程，在这个过程中，教师通过一定的教学形式和教学方法开展教学，使学生能够准确理解古代文学作品的内涵与意义，感知其中蕴含的情感和思想，深刻体会古代文学作品的艺术魅力和历史价值。

（二）古诗文教学的范围

古诗文教学基本涵盖了中国古代文学的各个时期和流派，以下是古诗文教学的主要范围：

1. 先秦文学

先秦文学是中国古代文学的重要组成部分，包括《诗经》《楚辞》等作品。这些作品代表了中国古代文学的起源，并以其独特的艺术风格和思想内涵而闻名于世。通过教学，可以让学生深入了解这些先秦文学作品的历史背景和写作特点，培养学生对中国古代文化的理解和鉴赏能力。

2. 汉赋

汉赋是中国古代文学的重要流派，其华丽的修辞和繁复的结构给人留下了深刻的印象。为了使教学内容更具有典型性，在教学中，我们可以选取代表性的汉赋作品进行解读和鉴赏，通过解读这些作品，让学生领略到汉赋雄浑壮丽、独特的艺术风貌。在此基础上，教师还可以引导学生分析汉赋的文学特点和审美价值，培养他们对古代文学形式的理解和鉴赏能力。

3. 魏晋南北朝乐府诗

魏晋南北朝时期的乐府诗是一种民间歌谣文学，这种文学作品以其真挚的情感和质朴的表达方式受到广大人民群众的喜爱。在教学中，我们可以选取一些具有代表性的乐府诗作品进行解读和演唱，通过这样的方式，使学生了解到中国古代文学作品的多样性，领略到民间文学的独特魅力。在此基础上，教学还可以引导学生分析乐府诗的文学特点和社会背景，培养他们对中国古代文化的综合理解能力。

4. 唐诗

唐代是中国古代诗歌的鼎盛时期，涌现出许多杰出的诗人及其优秀的诗作。在教学中，我们可以选择一些唐代经典诗歌作品，让学生学习和欣赏这些作品，领悟其中蕴含的独特意境和丰富的情感。在教学中，教师通过给学生分析诗歌的艺术表现手法和语言表达方式，既培养了学生对中国古代诗歌的理解和鉴赏能力，同时也提升了他们的语言表达和思维能力。

5. 宋词

宋代是中国古代文学的重要时期，这个时期涌现出许多优秀的词人及作品，并且这些宋词作品又以其细腻、柔情的文风而广为流传。在教学过程中，我们可以先让学生学习和欣赏那些优秀的宋代词作，通过学生的阅读和教师的解析，使学生能够领悟宋词中的意境和词人丰富的情感。同时，在开展教学时，教师还可以引导学生分析宋词的艺术特点和时代背景，培养他们对宋代文学的理解和鉴赏能力。

6. 元曲

元曲是中国古代戏曲文学的瑰宝，这种文学作品以其丰富多样的剧种和深刻的人物形象而闻名于世。在教学中，我们可以选取一些具有代表性的元曲作品进行演绎和内容解析,通过这种方式让学生了解元曲的艺术特点和历史背景。同时，元曲教学，还可以提高学生对戏曲艺术的欣赏水平，提升他们的表演兴趣，拓展学生的审美视野。

在古诗文教学中，我们通过对以上几个时期和不同流派文学作品的教学，可以使学生更全面地了解中国古代文学的不同风格，理解其丰富内涵，提升他们对古代文学的理解、鉴赏能力。通过开展以上古诗文教学也能够使学生更加热爱中国传统文化。

二、古诗文教学的特点和目标

（一）古诗文教学的特点

1. 文化传承性

古诗文作为中国优秀传统文化的重要组成部分,具有浓厚的历史和文化底蕴。所以，在开展古诗文教学时，教师应注重将这一特点通过教材的合理选择和教学方法的有效设计更好地传授给学生，使学生在理解和了解的基础上更加尊重和热爱中国传统文化。在古诗文教学中，教师可以选取一些经典的古诗文作为教学内容，通过具体讲解、解读和开展一些阅读活动，引导学生对古诗文进行深入的思考和理解。除此之外，教师还可以借助多媒体技术和互联网资源，丰富教学内容，让学生更加直观地感受古代文化的魅力。通过以上教学，不仅拓宽了学生的文化视野，也培养了他们对传统文化的热爱，增强了对传统文化的传承和保护意识。

2. 艺术鉴赏性

古诗文是中国古代文学的精华，具有独特的艺术魅力。通过让学生学习古诗文，领略其中的意境、音韵和修辞手法，能够培养他们的审美能力和艺术鉴赏能力，更好地理解和体会古人的才情。那么，如何更好地开展教学呢？在古诗文教学中，教师可以通过课堂讲解和分析的方式，引导学生深入理解古诗文中的意象、修辞手法，增强学生对于古诗文艺术形式的感知力和鉴赏力。此外，教师还可以组织学生进行文学创作，让他们亲身体验古代文人的创作过程，通过这样的体验，提高他们的文学素养和表达能力。

3.语言表达性

由于古诗文的语言一般都精练而富有表现力，因此在古诗文教学中，应当注重让学生学习古诗文的这种特点，注重培养学生的语言表达能力。也就是说，可以通过对古诗文的分析和鉴赏，提高学生的写作水平、修辞技巧和语言组织能力，使他们能够用准确、精练的语言表达自己的思想和情感。通过课堂讲解和分析，教师可以更深入地引导学生理解古诗文的语言特点和表达方式，在此基础上指导学生进行写作练习，提升他们的写作能力。此外，教师还可以组织学生进行古诗文的朗读和背诵活动，让学生能够更好地感受语言的音韵和节奏，培养他们对语言的感觉和表达的自信。

（二）古诗文教学的目标

1.理解古代文化

古诗文作为中国古代文学的重要组成部分，蕴含着丰富的历史、哲学知识和人生智慧。学生学习古诗文，可以深入了解中国古代文化的内涵和发展历程。一直以来，古代文化都是中国传统文化的重要组成部分，它影响着中国人民的行为方式、价值体系和审美情趣。因此，通过学习古诗文，可以使学生感知和理解古代文化的思想观念、价值观念和审美趣味，培养学生对传统文化的认同感，并能够领略古诗文的意境、韵律和修辞手法，培养他们的古代文化艺术的鉴赏能力和审美情趣。

2.培养语言表达能力

古诗文的语言通常简练而精确，正因如此，学生通过学习古诗文这种简练而精确的表达，可以提高自己的语言表达能力。首先，古诗文中丰富的词汇和表达方式可以增加学生的词汇量，使他们能够运用准确而生动的语言表达自己的思想和情感。其次，古诗文的修辞手法和篇章结构也可以使学生领悟到对比、夸张、比喻等修辞手法的运用，以及篇章结构安排的技巧，而这些修辞手法和技巧的运用对写作具有重要的指导意义，能够帮助学生提高写作水平。

3.培养思想品德

古诗文中蕴含着丰富的思想和人生智慧，通过学习古诗文，学生可以接触到不同的价值观念、道德观念和人生哲理，古人大都通过诗词作品抒发自己的情感和对人生的思考，因此古诗文中蕴含的情感和对人性的剖析也非常深刻，学生通过阅读这些古诗文，就能够感受到古人深沉的情感和对美好生活的追求，有助于培养学生的鉴赏能力和共情能力。同时，古诗文中所表现出来的人性的善良、诚实守信、孝敬父母等高尚品质也对学生的思想品德培养起到积极的作用。所以，通过学习古诗文，还可以培养学生正确的价值取向和道德观念，提高他们的人文素养和品格修养。

三、古诗文教学的内容和形式

（一）古诗文教学的内容

1. 古代文学作品

古诗文教学的核心内容是古代文学作品，包括《诗经》、汉赋、唐诗、宋词等古代文学作品。为了使学生更好地了解这些古代文学作品的特点，教师应特别重点介绍其中的一些经典作品和代表性作者，帮助学生了解文学作品的写作背景和特点。

2. 文学艺术形式

古诗文教学还涉及古代文学的各种艺术形式和修辞手法。学生学习古诗文，将学习到对仗、比喻、夸张等修辞手法，以及诗歌的韵律、格律等方面。通过艺术形式和修辞手法的学习，能够使学生更深入地理解古代文学作品的表达方式和艺术特点。

3. 作品解读与赏析

在古诗文教学中，教师应当引导学生对作品进行深入的解读和赏析，包括作品的意境、表达手法、主题思想等。通过赏析和探讨，能够使学生准确理解和把握作品的内涵，培养其对文学作品的鉴赏能力。

（二）古诗文教学的形式

1. 讲授与讨论

古诗文教学的一种形式是讲授与讨论，即教师首先给学生讲授古代文学知识，然后与学生进行课堂讨论和学生之间的互动，共同探讨文学作品的内涵及其表现形式。需要注意的是，在讨论之前，教师应当为学生讲解文学作品的背景、作者的创作意图等方面，帮助学生深入理解作品。

2. 诵读与演讲

古诗文教学也很注重对学生的口头表达能力和语感的培养，所以，古诗文教学的又一种形式是朗读与演讲，它主要通过让学生背诵并朗读古代文学作品的方式进行教学。因为通过朗读，可以培养学生的语音语调表达能力，增强他们对古代文学作品的感知力和理解力。

3. 写作与创作

古诗文教学还有一种形式，是写作与创作。在写作与创作教学中，教师通过让学生模仿古代文学作品进行写作训练，可以培养他们的文学创作能力和批判性思考能力。另外，学生根据古代文学作品的风格和形式进行创作，还可以锻炼他们的文学想象力和语言表达能力。

4. 参观与实地体验

为了让学生更好地感受古代文学作品的魅力和其历史价值，开展古诗文教学时，教师还应组织学生参观与古代文学相关的博物馆、古迹等。通过各种亲身体验，学生可以更加直观地感受文学作品中所反映的历史文化背景和人文情怀。

第二节　古诗文教学在小学语文教育中的地位和作用

一、古诗文教学对于培养学生语文素养的重要性

（一）提高阅读理解能力

古诗文作为经典文学作品，其语言表达虽精练，蕴含的意境却很深远。因此，要想让学生更好地学习古诗文，就需要运用语言学知识和相应的阅读策略，帮助其理解作品的内涵和情感，培养他们对古诗文的阅读理解能力。

从教学经验来看，古诗文教学可以通过以下方式提高学生的阅读理解能力：

1. 解读词句

学生需要仔细阅读古诗文中的每一个词句，理解其字面意思和其中隐藏的含义，还可以通过解析生僻词汇、对比不同句式和修辞手法等方式，帮助学生准确理解古诗文的内涵。

2. 分析诗歌结构

古诗文常常具有独特的韵律和节奏，因此教师可以通过分析诗歌的结构，如押韵、平仄、句式等，帮助学生理解诗歌的整体意境和情感表达。

3. 推测作者意图

为了了解作者的创作意图和思想情感，学生可以从文本中进行推测，比如通过分析诗歌背后的文化背景、历史环境和作者的生平经历等方面。当了解了作者的创作意图后，学生就可以更好地理解并体会古诗文的精神内涵。

4. 理解意象和比喻

古诗文中常常会使用丰富的意象和比喻，学生可以通过比喻等修辞手法所营造的意象以及与事物之间的联系来理解诗歌所表达的情感。在教学中，教师可以通过引导学生进行联想和比较，帮助他们更好地理解比喻修辞的运用和古诗文的意象。

通过运用以上几种方式对古诗文进行深入学习，学生不仅可以提高阅读理解能力，还能够培养审美情趣，感受古诗文的艺术魅力和历史价值。

（二）拓展词汇量和语言表达能力

古诗文中常包含丰富而精练的词汇，因此，通过学习古诗文，学生可以扩大词汇量，提升语言表达力，在今后的写作中能够运用不同的表达方式组织语言。同时，学生在分析古诗文意境和修辞手法的过程中也能够提升语言表达能力。

古诗文教学主要可以通过以下方式扩大学生的词汇量，提升语言表达能力：

1. 学习词义和用法

为了让学生学习古诗文中常见词汇的意义和用法，并扩大自己的词汇量，教师可以通过词义辨析、词语搭配和词汇记忆等方式进行词汇教学，帮助学生打下扎实的词汇基础。

2. 掌握修辞手法

古诗文中经常使用的修辞手法，有比喻、借代、排比等。要写出高质量的文章，学生就需要学习和运用这些修辞手法。而分析古诗文中的修辞手法和对比不同句式，可以帮助学生提升语言表达能力。

3. 学习古代文言文语法

文言文是古诗文中常用的一种文体，因此，学生学习古代文言文的语法结构和表达方式，了解古代文言文的语法规则和篇章结构，可以更好地理解古代文学作品的内涵，并学会运用这些写作技巧。

通过扩大词汇量和提升语言表达能力，学生能够更准确、丰富地表达自己的思想和感受，并在阅读和写作中灵活地加以运用。

（三）培养审美意识和鉴赏能力

古诗文作品常常以其独特的艺术形式和意蕴深远的主题打动人。通过学习古诗文，学生可以培养自己的审美意识，提升对美的感知能力，学会欣赏文学作品。

古诗文教学可以通过以下方式培养学生的审美意识和鉴赏能力：

1. 学习诗歌韵律和节奏

学生需要学习诗歌的韵律和节奏，感受音韵之美和节奏之感。通过朗读和演唱古诗文，可以让学生体验诗歌的韵律和节奏，培养他们对诗歌的敏锐感知力。

2. 分析意象与意境

学生需要了解古诗文中的意象和意境，并通过分析它们所表达的情感和思想，提高自己的审美能力。另外，还可以通过引导学生观察和思考诗歌中的意象和情感，提高他们的鉴赏能力和审美情趣。

3. 阅读名篇佳作

学生需要阅读并欣赏古代文学名篇佳作，如《李白集》《红楼梦》等。通过学习和欣赏这些经典作品，感知其中的艺术之美和思想内涵，培养其审美品位和文化修养。

通过培养学生的审美意识和鉴赏能力，他们才能够真正欣赏、理解和创造优秀的文学作品，提升自己的艺术鉴赏水平和人文素养。

（四）加深对文化传统的认知

古诗文承载着中华民族的优秀传统文化，学习古诗文有助于加深学生对中华文化的认知。通过学习古代诗歌、文言文等，学生能够汲取其中所蕴含的中华传统文化的精华，培养自己的文化素养和民族自豪感。

古诗文教学可以通过以下方式加深学生对传统文化的认知：

1. 学习文化背景和历史环境

学生需要了解古诗文所处的历史背景和文化环境，包括社会风俗、历史事件、时代思潮等。学生通过学习这些历史背景知识，可以更好地理解和感悟古诗文的内涵和意义。

2. 学习文学流派和作家作品

学生需要学习古代文学的流派和代表性作家及其作品。学生通过学习不同文学流派的特点和了解不同作家作品的风格，可以更全面地认知中国古代文学的多样性和不同作品的独特之处。

3. 进行文化探究和比较

学生可以进行文化比较和对照，比如将古代诗歌、文言文与现代文学作品进行比较，了解中华传统文化在当代的影响和传承。学生可以通过编写对比论文或参与文化交流活动，加深对中华传统文化的认知和理解。

通过加深对文化传统的认知，学生才能够更好地把握和传承中华传统文化，增强文化自信。

二、古诗文教学在传承中华优秀传统文化方面的作用

（一）弘扬中华优秀传统文化

古诗文作为中华民族优秀传统文化的重要组成部分，对中国人具有广泛而深远的影响。通过学习古诗文，可以使学生了解并感受其中蕴含的思想、情感和价值观念，从而更好地传承和弘扬中华优秀传统文化。

古诗文以其独特的艺术表现形式传递着中国人民的智慧和情感，是汉字文化的珍贵遗产。古诗文中的字句之美、意境之深、辞藻之丰都给人们留下了深刻的印象。因此，通过学习古诗文，学生可以欣赏到古诗文的艺术之美，培养其对文学艺术的鉴赏能力。

另外，古诗文中所倡导的价值观念和道德规范对于塑造学生正确的价值观和道德观念起着重要作用。古诗文中所强调的诸如崇德修身、尚义守廉、礼仪之邦等价值理念，将引导学生树立正确的人生观和价值观。所以，学习古诗文，可以让学生深刻体会其中所蕴含的人生哲理、情感体验和道德观念，对培养学生的人文素养和良好的道德品质有重要的意义。

（二）培养爱国情怀和文化认同感

古诗文教学可以让学生从中感受祖国的壮美和深厚的历史人文底蕴，培养其爱国情怀。古诗文中常常描绘了祖国山河壮丽的景色、民族英雄的事迹，以及深情的表达，学习古诗文，能够激发学生作为中国人的自豪感和归属感。

同时，通过理解古诗文中表达的中华文化精神，还能够促进学生对中华文化的认同感。许多古诗文中都融入了中华传统文化的精髓，如儒家思想的修身齐家治国平天下，道家的道法自然等。通过学习古诗文，学生可以了解到中华文化的博大精深，加深对中华文化的认同感，从而在实践中更好地传承和弘扬这些优秀的文化传统。

（三）传承优秀的人文精神

古诗文作为人文精神的载体，蕴含着美好的价值追求。这是因为，古诗文中常常表达了对人性的思考、对世界的观照以及对理想境界的向往，引导人们追求高尚的精神境界。因此，通过学习古诗文，就可以让学生领略到其中蕴含的优秀

人文精神，如崇尚自然、追求真理、崇德修身等，让学生在潜移默化的影响下，培养出良好的人文素养和道德品质。

另外，古诗文中所展现的情感世界也是独具特色的。比如作者对于生命、爱情、友情、乡愁等情感的细腻描绘，都是他们在体察到人类内心深处共同的情感后，所流露出来的真情实感。因此通过学习古诗文，学生可以加深对情感的理解和表达，培养丰富的情感体验，从而提高情商。

（四）促进跨文化交流与理解

古诗文是对中国传统文化的最好诠释之一，通过学习古诗文，可以加深学生对中华文化的理解。古诗文中常常反映了中国古代社会的风貌、人物的形象、历史事件等，可以帮助学生更好地了解中国的历史与文化。

同时，古诗文也被翻译成多种语言，这样就可以作为跨文化交流的桥梁，促进不同文化之间的相互理解。通过学习，学生可以拓展对其他文化的认知和理解，增进文化交流与沟通的能力，培养其跨文化意识和国际视野。

（五）丰富学生的人生阅历

古诗文中常常描绘古代社会风貌、人物形象和社会风情等。因此通过学习古诗文，学生可以拓宽自己对历史、社会和人类文明的认知，丰富自己的人生阅历。古诗文中所描绘的古代社会生活和人物形象，可以让学生感受到历史的厚重感和文化的博大精深，从而拓展自己的视野，拓宽思维方式。

此外，古诗文中也蕴含着丰富的人生智慧和哲理，如人生苦短、时光易逝、追求真理，等等。所以学习古诗文，学生可以汲取到其中蕴含的人生智慧，从而对人生有了更深的思考。

三、古诗文教学对于提升学生审美情趣和人文素养的意义

（一）培养审美情趣与艺术欣赏能力

众所周知，学习古诗文是培养学生审美情趣和艺术欣赏能力的重要途径。作为中华民族文化的瑰宝，古诗文中蕴含着深邃的思想和优美的艺术表达，所以在内容、形式和语言上都具有独特的魅力。通过学习这些古诗文，学生可以接触到丰富多样的艺术作品，感受到其中所蕴含的美和智慧，领略到古人对自然、人生

和社会的独特见解，进一步提升自己对美的感知能力和审美情趣。

另外，学习古诗文不仅可以让学生欣赏到优美的艺术作品，还可以帮助他们理解诗歌中的意境、韵律和修辞手法。在欣赏古诗文的过程中，学生需要仔细品味每一个字词的含义和音律的变化，这样才能真正领会诗人的用心和写作意图。学生通过分析古诗文的表现手法和写作特点，也可以逐渐培养艺术欣赏能力，提高对美的感知力和理解力。

（二）提高情感表达能力

古诗文作为一种独特的艺术形式，可以激发学生对情感和人生的思考。在古诗文中，诗人往往是通过精练的语言和丰富的意象来表达自己的情感和思想的。因此学生通过学习古诗文，可以体验到不同情感状态下的情感色彩，进而启发他们的情感表达。

另外，学习古诗文还可以帮助学生学会用文学语言来表达自己的情感和思想。学生通过模仿和创作古诗文，可以锻炼自己的表达能力，提高对语言的驾驭能力。同时，通过分析和解读古诗文的情感表达方式，学生能够学会如何把握和表达自己的情感，使自己的情感的表达更加准确、生动和富有感染力。

（三）塑造人文关怀和共情能力

古诗文是人类文化的瑰宝，其中蕴含了丰富的人类情感和人生智慧。学生通过学习古诗文，可以感受到不同生活背景下的人类所具有的共通之处，以此培养学生对他人的关怀和共情能力。

一般来说，古诗文中描绘的痛苦、喜悦等情感，可以让学生更加真切地感受到人类共同的情感，并通过与古诗文中的人物和情境产生共鸣，就可以进一步增强学生对他人的理解，从而培养其人文关怀精神，提高其人际交往的能力。

此外，古诗文中也蕴含了诗人对社会现象和人际关系的思考和观察。通过学习古诗文，学生可以从诗歌中感受到诗人对社会风貌和人情世故的思考，进而关注社会，关怀他人，提升了其人情世故的感知力，从而促进人际交往能力的提升。

（四）培养个性修养与人文素养

古诗文作为一种文化载体，承载着丰富的人文精神和哲理思考。所以学习古诗文可以培养学生良好的人文素养，让他们在面对人生困惑和抉择时能够汲取其中的智慧，更好地渡过难关。

由于古诗文中大都包含对人生、道德和价值观念的思考，学生通过学习古诗文，就可以接触到各种思想流派及其价值取向进而思考自己的人生意义，以及对人生道路的选择。而且古诗文中也大都融入了丰富的哲学思考。通过学习古诗文，学生可以对人性、伦理和社会问题有更深层次的思考。

另外，古诗文中所揭示的人文精神和哲理思考，不仅可以丰富学生的知识，还可以培养他们的人文素养和综合素质，培养他们的独立思考能力、创造力和批判思维能力，提升人文修养和综合素质。

四、古诗文教学与学生综合能力培养的关联

（一）思维能力培养

由于古诗文作品蕴含着深厚的思想内容，所以学习古诗文可以培养学生的逻辑思维能力。这主要是因为：首先，古诗文往往通过言简意赅的语言表达出复杂的意境和情感，需要学生辨析其中的内涵和文中的隐喻，培养他们的理解能力和思考能力；其次，古诗文中常采用一些修辞手法，如比喻、拟人、夸张等，这些修辞手法的运用提升了作品的艺术性，学生如果能够准确理解并分析运用这些手法，就能够培养他们的分析能力，提高其思维的灵活性。

（二）语言表达能力培养

由于古诗文的独特语言风格和修辞技巧与现代白话文不同，所以对学生掌握这种语言也提出了挑战。这主要是因为：首先，古诗文往往以简练精练的语言表达复杂的意境和情感，要准确理解和使用这些独特的表达方式，对学生存在一定难度。其次，古诗文中常使用各种修辞手法，如比喻、借代、象征等，要掌握这些修辞手法，就要求学生具备准确运用语言的能力，只有这样，才能够恰当地运用修辞手法来增强语言表达的效果。尽管如此，学生也要尽量学好古诗文，因为它对于提高自己的语言组织能力、修辞能力和表达能力非常重要。

（三）跨学科综合能力的培养

古诗文涉及文学、历史、哲学等多个学科领域，所以学习古诗文需要培养学生的跨学科学习和综合能力，将各种跨学科知识相结合。首先，需要学生了解古

代文学的发展历程、文学流派和作家的写作背景等，增加其对古诗文的理解和鉴赏能力。其次，由于古诗文中常涉及历史事件和人物，所以学生需要了解历史背景，才能更好地理解和解读古诗文。此外，古诗文中也有许多哲学思想和人生智慧，学生需要借助哲学知识，才能对其有深入的理解。所以说，学生只有通过跨学科知识的学习，才能够综合运用各学科的知识，拓宽自己的知识视野和思考角度，培养综合能力，从而更好地解读古诗文。

综上所述，学习古诗文对学生的思维能力、语言表达能力和跨学科综合能力都有着积极的影响。这主要是因为：通过分析古诗文的内涵、解读修辞手法等，能够帮助学生锻炼思考能力和分析能力；通过学习古诗文，能够帮助学生提高语言组织能力、修辞能力和表达能力；而且要更好地解读古诗文，还需要学生学习跨学科的知识提升学生的综合能力。因此，在教育教学中，应该充分重视古诗文的学习，为学生提供更多的学习机会和资源，以利于对学生思维能力、语言表达能力和跨学科综合能力的培养。同时，这也可以帮助他们更好地理解和欣赏中国古代文化，使其在今后的学习和生活中更受益。

第二章　新课标对小学古诗文教学的要求

第一节　新课标对小学古诗文教学内容的要求

一、古诗文基础知识的学习与掌握

（一）学习与掌握古代文化和历史背景知识

为了更好地理解古诗文的内涵，学生需要学习掌握一些古代文化和历史知识，包括古代社会制度、节日习俗和重要历史事件等。这是为了让学生进一步明确古代文化和历史发展的脉络，从而了解不同时期的文化特点和社会背景，帮助学生更好地把握古诗文的意义和价值。

学习与掌握古代文化和历史背景知识的方式可以是多样化的。教师可以通过讲座、展示、教材阅读等形式进行教学，向学生介绍古代社会制度、古代文化传统、古代人物等相关内容。同时，也可以引导学生主动参观博物馆、历史古迹等场所，从中亲身感受古代文化和历史的魅力。通过多样的学习手段，学生能够全面了解古代文化及其历史背景，提升对古诗文的理解和鉴赏能力。

（二）学习与掌握古代文学作品的基本知识

学生需要学习与掌握的古代文学作品的基本知识，包括了解古代文学创作的时代特点等。通过了解古代文学作品的作者及其创作环境，学生才能够更好地理解古诗文的艺术风格及其内涵。

比如，教师可以通过讲解、分析和讨论等方式，向学生介绍古代文学作品的基本情况。如选择《观沧海》《登鹳雀楼》等具有代表性的作品，帮助学生了解古代文学的发展脉络和一些重要作家的作品。

此外，教师还可以组织学生开展文学作品的阅读和研究，让他们亲自感受和体验古代文学的魅力。通过对古代文学作品的深入学习，培养学生的文学鉴赏能力，促进他们对古诗文的解读和理解。

（三）学习与掌握古诗文的基本篇目

学生需要学习与掌握一定数量的古诗文篇目，包括古代诗歌、辞章、散文等形式的作品。学习这些古诗文将帮助学生熟悉古代文学的语言和风格，拓展他们的文化视野。

教师可以选择如《登鹳雀楼》《静夜思》等一些常见而有代表性的古诗文篇目，进行详细解读和讲解。另外，在教学中，教师还可以结合故事、图文等形式，向学生介绍古诗文的背景故事、作品意义和艺术特点等。

对于学生而言，他们也应该通过课外阅读或自主学习，主动了解更多不同类型的古诗文作品。通过对不同时期、不同风格古诗文的学习，学生能更好地把握古诗文的内涵和形式美的特点。

（四）学习与掌握古诗文的基本语言和表达技巧

为了正确朗读和演绎古诗文，学生需要学习与掌握古诗文的基本语言和表达技巧。包括古诗文的韵律、对仗，以及正确运用声调等方面。

教师可以通过分析和讲解古诗文的语言特点，让学生通过课文朗读、韵律模仿等活动，引导他们正确认识并灵活运用其中的语言表达技巧。帮助学生熟练掌握古诗文的语音语调。

此外，学生还可以通过演讲、朗诵、创作等形式，积极参与古诗文的朗读或表演等创作实践，从而锻炼自己的语言表达能力。

通过以上学习，学生将更好地理解古诗文的深层内涵，提高对古诗文的欣赏和解读能力。同时，学生也会在学习过程中培养出对古代文化和历史的兴趣，进一步扩大自己的文化视野。

二、古诗文的理解与鉴赏能力培养

（一）培养学生对古诗文的理解能力

古诗文作为中华民族的瑰宝，承载着丰富的文化底蕴和人们的智慧。通过阅读和分析古诗文，可以促进学生对诗词意境、形象描写、感情表达等方面的理解。

通过深入研究古诗文，学生还可以了解其中所蕴含的深刻思想和美学价值。

首先，通过阅读古诗文，学生可以从中体验到不同的诗词意境。古诗文的意境常常通过抒发作者内心的情感和对自然、人生的感悟来体现，读古诗文，能给人以美的享受和深刻的思考。学生通过对古诗文进行深入的解读和思考，可以逐渐培养其对诗词意境的敏感感知和理解能力，从而更好地欣赏和理解古人的诗意世界。

其次，学生还可以通过分析古诗文中的形象描写来提升自己的理解能力。古人在写作时往往通过生动形象的描写使作品更富有艺术感染力和表现力。学生在阅读古诗文时，要注重诗中的细节描写，通过对作者所描述的景物、人物形象进行分析和解读，来准确把握作者想要表达的意思。

最后，许多古诗文往往是通过情感表达来表达其思想内涵的。学生可以通过深入研读古诗文，理解其中的情感表达方式，从而培养自己对于情感的敏感性和语言感知能力。由于古诗文中的情感常常是真挚而深沉的，通过学习这些情感的表达方式，学生可以提升自己的情感表达能力，从而更好地理解和体验到古诗文所传递的情感。

（二）培养学生对古诗文的鉴赏能力

引导学生欣赏古诗文的艺术价值，是培养他们对古代文人的审美情趣和文学追求、提高古诗文鉴赏能力的重要途径。古诗文作为中华民族的瑰宝，蕴含着丰富的艺术表现形式和审美价值，学生通过学习和欣赏古诗文，就可以领略到古诗文中所蕴含的美学魅力。

首先，学生需要学会欣赏古诗文的艺术价值。古诗文在表达形式上大都具有独特的韵律、节奏，并且运用了一定的修辞手法，通过这些古诗文艺术表现手法，古人能够将复杂而深刻的思想通过简练而优美的语言形式表达出来。因此，学生可以通过学习古诗文的艺术特点，尤其是音韵美、意象美、情感美等方面的特点，来理解其中所蕴含的艺术魅力和审美价值。

其次，学生还需要了解古代文人的审美情趣和文学追求。古代文人以其独特的艺术眼光和思维方式创造了众多经典的古诗文作品，这些作品不仅在内容上具有深邃的思想，在形式上也具有独特的艺术价值。学生通过对古代文人的思维方式和审美情趣的学习，可以更好地欣赏和理解古诗文的艺术之美。

最后，学生还需要提高鉴赏古诗文的能力。鉴赏古诗文不仅仅是对其艺术价值的感知，也包括对其创作背景、时代氛围以及作者生平等方面的了解。因此，学生可以通过学习相关的历史文化知识和文学批评理论，来全面地理解和评价古诗文的艺术价值，从而提高自己的鉴赏能力。

（三）引导学生进行古诗文的创作与表达

古诗文作为中华民族的瑰宝，具有丰富的表现形式和创作技巧，学习古诗文的形式和技巧，可以引导学生进行创作，来培养他们的文学表达能力，使他们能够用古诗文的形式来表达自己的情感和思想，提高自己的文学创作能力。

首先，学生需要学习古诗文的基本形式和结构。古诗文的形式包括诗的格律、韵脚等，学生可以通过学习这些基本的形式要素，了解古诗文的谋篇布局、结构安排等。同时，学生还可以通过学习古诗文的一些写作技巧，比如运用修辞手法、使用意象等，来提升自己的文学表达能力。

其次，学生可以通过模仿古诗文进行创作。模仿古诗文是培养学生文学表达能力的重要方法之一。学生可以选取一些经典的古诗文作品进行模仿，通过模仿古人的文学风格和表达方式，来培养自己的文学感知能力和表达能力。模仿古诗文进行创作的过程，能够让学生更好地理解并掌握古诗文的创作技巧。

最后，学生可以通过创作古诗文来表达自己的情感和思想。古诗文是一种独特的文学形式，它一般通过音韵、意象和修辞等手法的组合运用，深入地表达个人内心的情感和对人生的思考。因此，学生可以通过自己的创作，将自己的情感和思想融入古诗文中，用古诗文的形式来表达自己的内心世界。

三、古诗文与生活、社会、科学的联系拓展

（一）探究古诗文与生活的联系

通过引导学生分析古诗文中的生活现象、人生态度和生活智慧，能帮助他们将古诗文与现实生活联系起来，从而对自己的人生观、道德观、价值观等方面带来一定的启示。在教学中，我们可以通过以下方式深化学生对古诗文与生活的联系和认知：

引导学生通过阅读古诗文，了解古代社会生活的方方面面，如古代的礼仪习俗、人际关系、家庭伦理等，以及人们对于生活的态度和蕴含的人生智慧。例如，通过阅读《诗经》中的《关雎》和《木瓜》等古诗，可以帮助学生了解古代婚姻制度和亲情在人们生活中的重要性。

引导学生比较古诗文中的生活现象与当今社会的异同，帮助他们认识社会的变迁和文化传承。例如，通过比较唐代诗人王之涣的《登鹳雀楼》与现代城市建设的情况，让学生思考现代社会发展对人们生活产生的影响。

鼓励学生进行个人或小组研究，如选择一首古诗文，通过实地考察、采访等方式，了解与之相关的历史背景和其中所蕴含的文化内涵，进一步加深对古诗文与生活的联系和认识。

为学生提供参与创作活动的机会，让他们通过自己的创作表达对生活的感悟和思考。例如，鼓励学生根据自己的生活经历和体验，创作一首与古诗文相关的现代诗歌，并将之分享给同学们，促进学生之间的交流和思想碰撞。

（二）探究古诗文与社会的联系

引导学生通过分析古诗文中的社会现象、社会习俗和社会问题，认识古代社会的特点和历史变迁，探索古诗文对社会发展的影响和反映。在教学中，我们可以通过以下方式深化学生对古诗文与社会的联系和认识：

通过阅读古诗文，帮助学生了解古代社会的政治、经济、文化等方面的特点，如唐代的盛世文化、宋代的科技进步等。例如，通过阅读杜牧的《秋夜将晓出篱门迎凉有感》等作品，让学生了解唐代社会的繁荣和盛世文化。

引导学生通过分析古诗文中存在的社会问题，如贫富差距等，让他们思考古代社会的弊端和改革。例如，通过阅读《悯农》等作品，让学生了解民生疾苦。

鼓励学生探索古诗文对社会发展的影响，比较不同历史时期的古诗文作品，分析它的历史背景和社会意义。例如，通过比较唐代和宋代的古诗文，让学生了解这两个历史朝代社会变革的不同。

引导学生进行社会实践和研究活动，选择一个与古诗文相关的社会问题，通过调查、访谈等方式深入了解该社会问题，在此基础上结合古诗文内容对这些社会问题进行分析和讨论。

（三）探究古诗文与科学的联系

在古诗文教学中，可以引导学生探究古诗文与科学知识的关系，了解古代文人对自然、科学的观察和思考，培养学生对科学的兴趣和好奇心，加深他们对科学知识的理解和应用。主要可以通过以下方式深化学生对古诗文与科学的联系与认知：

通过选择与自然和科学相关的古诗文，引导学生分析其中的自然现象和科学原理。例如，通过阅读杜牧的《秋夜将晓出篱门迎凉有感》等作品，让学生了解随着气候变化，自然界随之也发生变化的描写。

引导学生分析古代文人对自然和科学的观察和思考，以及他们在古诗文中对自然现象的描绘和表达。例如，通过阅读王之涣的《登鹳雀楼》等作品，让学生了解古代对建筑与科技发展所产生的影响。

鼓励学生开展与科学知识相关的实验和观察活动，让他们通过自己的亲身经历，加深对古诗文中科学方面内容的理解和体验。例如，让学生通过观察和研究植物的生长过程，帮助他们了解古代诗人对植物生命力的讴歌和赞美。

引导学生进行科学研究和创新活动，同时结合古诗文的相关内容，设计相关科学实验或发展科学理论，以提升学生的科学思维和批判性思维能力。

通过以上教学方法和策略，可以帮助学生更全面地认识和理解古诗文与生活、社会和科学的联系，加深他们对古诗文的体验和思考。同时，这些探究过程也能激发学生的兴趣和好奇心，培养他们的创新能力和综合素养。需要注意的是，教师在实施教学的过程中，应根据小学生的年龄特点和学科要求，合理选择适宜的教学资源，组织相关的活动，以确保教学效果的最大化。

第二节　新课标对小学古诗文教学方法的要求

一、多元化的教学方法与手段运用

（一）激发学生的学习兴趣和积极性

要激发学生对古代文化和历史的学习兴趣和积极性，教师可以采用多样化的教学方法和手段。首先，教师可以通过启发式教学方式，激发他们对古代文化和历史知识的好奇心，逐步引导学生进行主动思考和探索。例如，在教学时，教师可以提出一个问题或者给出一个情境，让学生自己探索并推测古代文化和历史背景。通过这样的启发式教学，就可以很好地激发学生的思维活力，使他们更主动地参与到古诗文学习中。

其次，教师可以采用多媒体教学手段，如利用图片、音频、视频等资源，将古代文化和历史融入生动有趣的教学中。例如，通过播放相关的音频或视频，让学生感受古代音乐、戏曲、舞蹈等艺术形式的魅力；通过展示精美的图片，让学生欣赏古代书画作品的艺术价值。为了提高教学质量，多媒体的运用不仅可以丰富教学内容，还可以提高学生的学习兴趣和参与度。

此外，教师还可以设计一些富有趣味性的学习活动，如比赛、游戏等，以增加学生的参与积极性。例如，在学习古代诗词时，可以组织学生进行诗歌朗诵比赛，激发他们对古代文化的热爱和追求。而在设计游戏环节中，可以为学生设计古代文化知识问答的游戏，让学生在游戏中学习和巩固所学的知识。像这类趣味性的学习活动，既能够增加学生的学习动力，又能够培养他们的合作意识和竞争意识。

除了运用多样化的教学方法和手段开展教学外，教师还可以通过讲述一些有趣的古代故事或者逸闻逸事，来激发学生的学习兴趣和好奇心。例如，讲述一些历史上著名的人物故事、古代传说故事等，以引导学生进一步了解和探索古代文化中的人物、事件和价值观念。通过这样的讲述，让学生能够更加直观地感受古代文化的魅力和其所产生的影响力。

（二）提供丰富的教学资源和材料

为了帮助学生更全面地理解和感知古诗文的内涵，教师应根据学生的特点和需求，为学生提供丰富多样的教学资源和材料，既可以选择传统的纸质文本，如古代文学选集、注释版古诗文书籍等，供学生进行阅读和研究，也可以利用现代技术手段，如电子书、网上资源等，为学生提供更加便捷和多样化的学习材料。

首先，教师可以为学生准备一些经典的古诗文文本，包括古代文学选集和注释版的古诗文书籍。选择这些纸质文本，可以让学生通过阅读和研究，深入理解古代文学作品的内涵和其艺术特点。教师也可以根据学生的水平和需求，选择不同难度和风格的文本，帮助学生逐步提高其阅读和分析的能力。

其次，教师还可以借助现代技术手段，为学生提供电子书和网上资源。通过电子书，学生可以方便地在线阅读各种古代文学作品，而不受时间和空间限制。另外，网上的资源丰富多样，教师可以为学生提供古代文学的相关资料和研究成果，如古代文学评论、研究论文等。可以让学生通过搜索和浏览这些资源，获取更多的知识和信息，拓宽其学习视野。

除了纸质文本和电子资源外，教师还可以通过多媒体工具和教学软件，为学生呈现更加生动和有趣的学习材料。如可以利用投影仪和幻灯片展示古代文学作品的相关图片、音频和视频，让学生在视听中得到丰富的感受。同时，教师还可以使用教学软件，设计互动课件和练习题，帮助学生更好地理解和掌握古诗文丰富的内涵。为学生提供多种教学资源和学习材料，他们就可以有更多的选择和参考，从而能够从不同的角度去理解古代文学作品。这种的多样化教学，也能够激发学生的学习兴趣，提高他们的学习效果。同时，丰富的教学资源也能够满足学生的个性化需求，帮助他们发现自己的兴趣所在，培养他们终身学习的能力。

（三）注重实践与体验

为了帮助学生深入了解古诗文的文化和历史背景，教师应注重实践活动和情境体验环节。比如可以组织学生参观博物馆、古迹等场所，让他们亲自感受古代文化的魅力和历史的厚重。同时，也可以开展实践活动，如古代服饰的制作、茶道的体验等，让学生通过亲身参与实践活动来感知和体验古代文化的内涵。通过这样的实践与体验活动，学生就能够更加直观地了解古代文化和历史的背景，深入感受古诗文中的情感和审美价值。

首先，教师可以组织学生参观博物馆或古迹等相关场所，让他们亲眼见到古代文物和建筑，从中感受历史的厚重和深厚的文化积淀。同时，在参观过程中，教师可以引导学生对古代文物和建筑进行详细观察和思考，并提出相关问题，以激发学生的好奇心和思考能力。

其次，教师还可以安排一些实践活动，如古代服饰的制作、茶道的体验等，让学生亲自参与其中。例如，在学习某些古代诗词时，可以让学生制作古代服饰或头饰，并穿上这些服饰进行角色扮演，让他们体验古代人物的生活和身份特征。通过这样的实践活动，不仅可以帮助学生更好地理解古代文化，还能培养他们的动手能力和创造力。

除了参观和实践活动，教师还可以设计其他形式的情境体验活动。例如，可以组织一场茶道体验活动，让学生亲自品尝并了解茶道的精髓，感受这种体验活动的仪式感和艺术美。又或者，通过戏曲表演、传统乐器演奏等方式，让学生亲身体验古代艺术形式，感知其中所蕴含的文化内涵。

通过实践与体验活动的开展，学生不仅能够增加对古代文化和历史的真实感知，而且能够与之产生情感共鸣。这样的亲身参与，能够激发学生的学习兴趣和积极性，增强他们对古诗文的理解和欣赏能力。同时，实践与体验也为学生提供了锻炼创造性思维和语言表达的机会，培养了他们的想象力和艺术感知力，促进了他们的全面发展。

（四）培养学生的创新思维和表达能力

为了提高学生对古诗文的理解和感悟能力，教师应该引导学生进行创新的思考和表达。比如可以通过绘画、写作、演讲等形式，鼓励学生将自己的想法与感受转化为具体的艺术表达。例如，可以组织学生参加古诗文创作比赛，让他们通过创作古诗或短文来表达自己对古代文学的理解和情感。这种活动有利于创新思维的培养，也有助于学生深入思考古代文学作品的意义和价值，同时也能够提高他们的表达能力和创作能力。

另外，教师还可以组织学生进行演讲或朗诵活动，让学生通过口头表达的方式阐述对古代文学作品的理解和感受。而且演讲和朗诵活动不仅可以锻炼学生的口语表达能力，还能够培养他们的情感和艺术表达能力。通过这样的活动，学生就可以从多个角度去理解和感受古诗文作品，也提高了他们对古代文学作品的欣赏和评价能力。

此外，教师还可以引导学生进行古诗文的改编和现代语言的表达。例如，学生可以将古代文学作品改编成现代歌曲或戏剧，用现代的语言和形式呈现古代文学的内容。通过这样的创新表达方式，学生不仅可以更深入地理解古代文学作品的内涵，还能够提高他们的想象力和创造力。

通过培养学生的创新思维和表达能力，可以激发学生对古诗文的兴趣和热爱，提高他们对古代文学作品的理解和欣赏水平。同时，这种培养也有助于学生的全面发展，提高他们的综合素质和终身学习能力。

（五）注重教学过程的互动和个性化的培养

在教学过程中，教师应注重与学生的互动，并在这个过程中采用个性化的教学策略。比如可以通过讨论、合作和分享等形式，促进学生之间的交流和合作，激发学生的学习热情和积极性。此外，教师还要根据学生的特点和能力差异，采用不同的教学方法和手段，从而满足每个学生的差异化学习需求。比如可以组织小组活动，让学生在团队中相互学习和合作，也可以提供个别辅导，帮助学生解决个人学习难题。通过注重教学过程的互动性和个性化的活动，可以提高学生的参与度和学习效果。

在古诗文教学中，通过以上教学措施和策略，可以激发学生对古代文化和历史的兴趣，提高他们对古诗文的理解和欣赏能力。同时，也能够培养学生创新思维、表达能力和合作精神，促进他们的全面发展。

二、情感体验与审美情趣的培养

（一）情感交流与分享

在古诗文教学中，教师应鼓励学生表达自己对古诗文的情感体验的理解，如可以引导他们与同学分享自己的心得和感受，促进同学之间的情感交流与沟通。在课堂上，教师可以通过提问或组织小组讨论的方式，引导学生表达自己对古诗文的情感体验的理解，如学生可以分享自己对诗中所描绘的景物、人物、情感的理解和感悟，通过言语交流，彼此倾听和理解，促进情感的传递与产生情感的共鸣。

为了加强情感交流与分享，教师可以设计一些小组活动或创设一些情境，让学生在情感互动中更好地理解古诗文的情感内涵。例如，可以安排学生在小组内选择一篇喜欢的古诗文，然后彼此分享并解释自己为何喜欢这个作品，分析其中所表达的情感。通过分享和交流，学生可以从不同角度感知和理解古诗文，培养他们对古诗文的情感体验能力。

（二）视听欣赏活动

组织学生进行古诗文的朗读、演讲、音乐欣赏等活动，有助于培养学生对古诗文音韵美的感知能力和审美情趣。通过朗读古诗文，学生可以感受到古诗文中独特的音韵之美，领略其中蕴含的韵律和节奏感。同时，学生还可以通过演讲的方式分享自己对古诗文的理解和感受，提高自己对古诗文的语言表达能力。

此外，音乐欣赏也是培养学生对古诗文的音韵美感的一种有效方法。教师可以选取一些与古诗文内容相关的音乐作品，让学生通过欣赏音乐来感受其中的诗意和情感。通过音乐的旋律和表达方式，学生也可以更加深入地体验到古诗文中所传递的情感和内涵。

（三）文化体验与实践

组织学生参观文化遗址、博物馆等场所，开展相关文化体验活动，通过亲身参观和体验，学生可以更加直观地了解古代文化的背景和发展历程，亲身感受古代文化的魅力与其独特性，进一步增强对古诗文的理解和感悟。

例如，可以组织学生参观古代文人的故居或墓地，让他们亲眼见到古代文人所生活的环境和关于其墓志铭的记载，以此增强对古代文人身世和文化背景的感知。同时，也可以安排学生参观博物馆和展览活动，让他们亲自观看古代文物和艺术品，领略其中蕴含的文化精髓和艺术价值。

通过文化体验与实践，学生能够更加全面地了解古代文化的内涵和特点，从而更好地理解和欣赏古诗文所传承的文化传统和审美理念。

（四）情感导入与情绪调节

通过教师的情感导入和情绪调节，可以营造良好的学习氛围，激发学生对古诗文的情感共鸣和情绪体验。比如教师可以利用故事讲述、情感引导等方式，向学生介绍古代文人的生平事迹、作品背后的故事以及其中所表达的情感。通过这些情感导入的手段，就可以激发学生对古诗文的兴趣和好奇心，使学生更加主动地投入古诗文学习中。

同时，在教学过程中，学生的情绪调节也是非常重要的。因此教师需要关注学生的情绪状态，合理安排学习时间和任务，避免给学生过大的学习压力。也通过适当的休息或者设计一些比较放松的活动，如诗歌朗诵比赛等，帮助学生释放压力、调整情绪，从而更好地投入古诗文的学习与欣赏中。

三、启发式的探究教学模式引导学生深入思考

（一）提问与探究

教师通过提问，能够引导学生进行主动的思考和积极的探究，激发学生对古诗文的兴趣和思考能力。在教学中，可以采用以下方式进行提问与探究：

1. 开放性问题

开放性问题可以激发学生的思维，引导他们深入思考古诗文的意义和内涵。例如，教师可以问学生："你觉得这首古诗表达了什么样的情感？为什么？"提出这样的问题，学生在解决问题的过程中，就需要被动变主动，深入思考古诗文背后的情感表达。

2. 探究性问题

探究性问题旨在引导学生主动探索古诗文中的意象、比喻和修辞手法等。例如，教师可以问学生："作者在这首诗中使用了哪些比喻？这些比喻有什么特点和作用？"通过对比喻这种修辞手法的分析和讨论，学生能够更深入地理解古诗文的表达方式。

3. 比较性问题

比较性问题可以引导学生对不同古诗文之间的异同进行思考和对比。例如，教师可以问学生："你认为这首古诗和另一首我们之前学过的古诗有什么相似之处？又有什么不同之处？"通过对比分析，可以增强学生对古诗文内容的理解和记忆。

4. 解释性问题

解释性问题旨在引导学生解读古诗文中的意象、寓意和象征等。例如，教师可以问学生："你认为这首古诗中的某个意象代表了什么？为什么作者选择这个意象来表达自己的情感？"通过解释性问题的引导，学生的解读能力和文学素养就能够得到有效提升。

通过提问与探究，教师可以培养学生的思辨能力和批判性思维，激发他们对古诗文的深入思考和探索。

（二）客观分析与评价

在古诗文教学中，应引导学生客观地分析古诗文中的形象描写、情感表达等要素，培养他们对古诗文的分析与评价能力。在教学中，可以采用以下方式进行客观分析与评价：

1. 形象描写分析

教师可以引导学生分析古诗文中的形象描写技巧，如使用具体的物象、细腻的语言等。例如，教师可以提醒学生注意古诗文中的用典和修辞手法，如拟人、比喻、夸张等，通过分析这些要素，学生能够客观地评价古诗文中形象描写的特点。

2. 情感表达分析

教师可以引导学生客观地分析古诗文中的情感表达，如喜怒哀乐等。例如，教师可以引导学生注重古诗文中的情感变化、情感的细腻度等方面，通过深入分析，学生能够客观地评价古诗文的情感表达能力。

3. 艺术特点评价

教师可以引导学生客观地分析古诗文的艺术特点，如韵律、节奏、音韵等。例如，教师可以提醒学生注意古诗文中的平仄、押韵等要素，通过客观评价这些艺术特点，能够让学生对古诗文的艺术性进行准确的评价。

4. 文化价值评价

教师可以引导学生客观地评价古诗文对文化的贡献和影响。例如，教师可以让学生思考古诗文中所体现的价值观、思想观念等，通过客观评价这些文化价值，学生能够对古诗文在历史和文化中的地位有更深入的认识。

综上所述，通过客观分析与评价，教师可以培养学生客观公正的态度和独立思考的能力，提升他们对古诗文的理解和鉴赏水平。

（三）创新思维与创作实践

鼓励学生进行创新思维和创作实践，让他们通过自己的创作体验古诗文的艺术魅力和独特性。在教学中，可以采用以下方式开展培养创新思维的创作实践：

1. 创新主题创作

鼓励学生选择一个与古诗文相关的主题，进行创作实践。例如，学生可以选择一首古诗文中的意象或情感，让学生进行现代诗歌或散文的创作。通过创新主题的创作，能够让学生针对古诗文的主题进行深入思考和个人表达。

2. 探索多样表现形式

引导学生尝试运用不同的表现形式，如诗歌、绘画、音乐等，来表达对古诗文的理解和感悟。例如，学生可以选择某首古诗文，通过绘画或音乐来表达其中的情感或意境。通过多样化的表现形式，学生才能够更全面地体验古诗文的艺术魅力。

3. 结合当代社会问题进行创作

鼓励学生将古诗文与当代社会问题相结合，进行创作实践。例如，学生可以选择一首反映人际关系的古诗文，以此为基础，创作与当代社会关系、人际交往等问题相关的作品。通过结合当代社会问题创作，学生能够加深对古诗文与现实生活的联系和理解。

4. 合作创作与分享交流

鼓励学生进行合作创作，并在班级或学校内展示和分享作品。例如，学生可以组成小组，共同创作一首与古诗文内容相关的作品，并邀请其他同学评价和相互交流。通过合作创作与分享交流，学生能够相互启发，从而提升其创新思维和团队合作的能力。

通过创新思维与创作实践活动的开展，学生能够深入体验古诗文的艺术魅力和独特性，培养他们的创造力和表达能力。

（四）引导学生归纳总结

通过引导学生对所学古诗文进行归纳总结，帮助他们系统化地理解与掌握古诗文的知识和技巧。在教学中，可以采用以下方式引导学生进行归纳总结：

1. 总结主题和意境

引导学生总结每首古诗文的主题和意境，分析作者通过古诗文所要表达的情感和思想。例如，学生可以根据诗歌的内容和语言特点，总结出主题和意境，在此基础上加以分析和比较。

2. 分析诗歌结构和韵律

教师可以引导学生分析古诗文的结构和韵律的特点，理解古诗文的写作规律和艺术要求。例如，学生可以分析五言绝句、七言绝句等不同形式的古诗文特点，从而更好地把握古诗文的技巧和风格。

3. 比较不同时期的古诗文

教师可以引导学生比较不同时期的古诗文，了解不同时期文人的写作风格和思想观念。例如，学生可以选择不同时期的古诗文进行比较，并分析其中的异同点，这样就能够更全面地理解古诗文的发展和演变过程。

4. 归纳表达技巧和修辞手法

引导学生归纳总结古诗文中常见的表达技巧和修辞手法，如比喻、拟人、夸张等。例如，学生可以总结出古诗文中使用频率较高的修辞手法，并分析其作用和效果。

通过引导学生进行归纳总结，就可以帮助他们更系统地理解和掌握古诗文的知识和写作技巧，提升对古诗文的整体把握能力和应用能力。同时，也能够培养学生的思维能力和逻辑思维能力，提高他们的综合素质和鉴赏水平。

四、个性化的差异化教学策略应用

（一）针对不同学生的兴趣与特长开展个别辅导

教师应针对不同学生的兴趣和特长开展个别辅导，提供针对性的指导和支持，以满足不同学生的学习需求。在教学中，可以采用以下方式进行个别辅导：

1. 深入了解学生特长

教师可以通过观察和了解，发现学生的特长和兴趣所在，从而为他们提供针对性的辅导。例如，若学生对音乐有浓厚的兴趣，教师可以引导他们通过音乐来感受古诗文的韵律和情感；若学生擅长绘画，教师可以鼓励他们通过绘画来表达古诗文中所蕴含的意象和意义。

2. 设计个性化的学习任务

教师可以根据学生的兴趣和特长，为他们设计个性化的学习任务，从而让他们更主动地参与到学习中来。例如，对于喜欢写作的学生，教师可以安排让他们根据古诗文的题材或背景创作一篇故事，以促进他们对古诗文的理解。

3. 提供针对性的指导与反馈

教师在个别辅导中，需要根据学生的学习情况提供针对性的指导和并提供及时的反馈。例如，对于阅读理解困难的学生，教师可以重点指导他们如何运用阅读策略来理解古诗文；对于写作能力较弱的学生，教师可以提供写作技巧和范例，来引导他们逐步提高自己的文学表达能力。

4. 借助多种资源扩展学习内容

为了满足不同学生的需求，教师可以借助多种资源来扩展学习内容。例如，对于一些对古代历史感兴趣的学生，教师可以引导他们阅读与古诗文相关的历史背景材料，从而让他们更好地理解和欣赏古诗文。

通过针对学生不同的兴趣与特长开展个别辅导，可以提高他们的学习兴趣和积极性，从而更有效地引导学生参与学习，满足学生的学习需求，促进他们的个性化发展。

（二）分层次教学与扩展练习

根据学生的学习水平和能力，开展分层次教学，能够为学生提供适当的扩展练习，从而促进学生的个性化发展。在教学中，可以采用以下方式进行分层次教学与扩展练习：

1. 分组教学

教师可以根据学生的学习水平和能力，对他们进行分组教学。例如，对于语言能力较弱的学生，教师可以设置小组辅导，进行一对一或小组互助的教学，帮助他们提高阅读和理解能力。

2. 差异化教学

根据学生的学习水平和能力的不同，教师可以在教学中采用差异化的教学策略和教学资源。例如，对于学习困难的学生，教师可以提供更简化的古诗文材料，帮助他们逐步理解和掌握基本的古诗文阅读和分析技巧。

3. 扩展练习

为了满足一些学习领悟能力较高学生的学习需求，使之进行更深入的古诗文学习，教师就可以为他们提供适当的扩展练习。例如，可以布置更复杂的阅读题目或写作任务，更进一步激发他们的学习兴趣和探究欲望。

4. 鼓励学生自主学习与合作学习

教师可以鼓励学生进行自主学习和合作学习，比如通过小组合作、自主研究等形式，提高学生的学习能力和解决问题的能力。在此过程中，学生可以自主选择一首古诗文进行深入研究，并组织小组讨论和分享，从中相互学习和相互启发。

通过分层次教学与扩展练习，才能够更好地满足学生的学习需求和发展要求，使每个学生都得到适当的关注完成相应的挑战，提高他们的学习效果。

（三）使用辅助工具与材料

根据学生的不同需求，教师可以使用一些辅助教学工具和材料，如带拼音注释的图文并茂的阅读材料，以帮助学生理解和掌握古诗文内容。在教学中，主要可以采用以下方式使用辅助工具与材料：

1. 拼音注释

对于语言能力较弱的学生，教师可以在古诗文中加入拼音注释，以帮助他们学习正确的读音并理解和掌握古诗文的语音规律。

2. 图文并茂的阅读材料

为了帮助学生更直观地理解古诗文的内容和意象，教师可以使用图文并茂的阅读材料。例如，可提供与诗句相对应的插图或相关图片，以增加学生对古诗文的认识和理解。

3. 资源丰富的多媒体教学

教师可借助多媒体技术来丰富教学资源，如使用音频、视频等形式来辅助开展教学。例如，播放古代音乐和戏曲的演唱，让学生感受古诗文所表达的情感和意境，从而更好地理解和欣赏古诗文。

4.古诗文分析工具

为了帮助学生分析和理解古诗文的结构和表达方式，教师可以引导学生使用古诗文分析工具。例如，学生可以使用韵律分析表格、情感分析表格等，深入研究古诗文的写作技巧和特点。

通过使用辅助工具与材料，可以为学生提供更多样化的教学资源和学习支持，帮助他们更好地理解和掌握古诗文，同时也能提高他们的学习兴趣和学习效果。

（四）培养学生的自主学习能力

引导学生进行自主学习，能够激发他们学习的主动性，培养自主思考、自主学习和自主管理能力。在教学中，可以采用以下方式培养学生的自主学习能力：

1.设计个性化学习任务

为了激发学生的学习兴趣和主动性，教师可以设计个性化的学习任务，让学生能够更主动地参与到学习中来。例如，让学生自主选择一首感兴趣的古诗文进行深入研究，然后分小组进行分享和讨论。

2.提供学习资源和指导

教师可以为学生提供丰富的学习资源和指导，鼓励他们独立探索和学习。例如，可以提供诗歌收藏、文学网站等资源，让学生自主选择适合自己的学习资源进行阅读和探究。

3.学习反思与目标设定

教师可以引导学生进行学习反思和目标设定，帮助他们认识到自己的学习情况和不足之处，从而制订合理的学习目标和计划。例如，让学生定期进行学习反思，并设定下一阶段的学习目标和计划。

4.鼓励学生之间的合作学习与互助学习

鼓励学生进行合作学习和互助学习，培养学生的合作精神和互助意识，促进他们共同学习和成长。例如，组织学生进行小组合作研究、互相讨论和评价，让学生在团队中相互启发和支持。

通过培养学生的自主学习能力，可以使他们更具有探索精神和创造力，从而更好地适应未来的学习和发展需求。同时，也能够提高学生的学习动力和学习效果，让他们成为积极主动的学习者。

第三章 新课标下小学古诗文教学的现状分析

第一节 教材内容的分析与评价

一、新课标下小学古诗文教学的教材内容

（一）古诗文教材的选材与编排

新课标下的小学古诗文教学中，古诗文教材的选材和编排是至关重要的。应该根据学生的认知水平和学习需要，精心挑选古诗文作品，通过好的教材丰富和拓宽学生的文学素养。

在教材选择上，应包含不同朝代、不同体裁的优秀古诗文作品，涵盖各个领域的内容，如表现自然、人物、情感等不同方面。同时，教材还应选择那些具有代表性的经典名篇，以及一些作者的代表性作品，以供学生学习和欣赏。

在内容编排方面，教材应结合学生的学习特点和课程进行设置，合理安排每个年级的教学内容。比如可以根据古诗文的主题、体裁或其他相关特点进行分类编排，使学生能够系统地学习和掌握不同类型的古诗文作品。

（二）古诗文教材的知识点和技能要求

古诗文教材的知识点和技能要求是指学生在学习古诗文时应该掌握的相关知识和技能。这些知识点和技能要求既包括对古诗文作品的理解和分析，也包括对古诗文语言、修辞手法等方面的认知。

在知识点方面，学生应该掌握古诗文作品的基本背景知识，如作者的生平、作品的创作背景等。此外，学生还应了解一些古代文化常识，以便更好地理解和欣赏古诗文作品。

在技能要求方面，学生应具备解读古诗文的能力，包括理解诗词的字面意思

和修辞手法，分析诗词的意境和表达方式，感悟诗词背后的情感和思想等。

（三）古诗文教材的教学方法和教学活动设计

在教学方法和教学活动设计方面，教材应提供多种多样的教学方法和活动，以激发学生的兴趣和主动参与意识。

针对古诗文的教学方法，可以采用朗读法，这样就可以让学生感受古诗文的音韵美和节奏感。同时，也可以采用导读法，通过提问和引导，帮助学生深入理解和分析古诗文作品。

在教学活动设计方面，可以设计课堂讨论、小组合作学习等形式，让学生共同解读和分析古诗文作品，促进学生之间的互动和合作。同时，也可以组织一些创作活动，让学生通过模仿创作古诗文，培养他们的创造力和语言表达能力。

（四）古诗文教材的评价与测试方式

针对古诗文的评价与测试方式应该多元化，因为在评价与测评中，既要考查学生对古诗文内容的理解与把握，又要考查学生对古诗文语言和修辞手法的运用。

在评价方面，可以让学生采用口头表达的方式，用自己的语言来阐述古诗文的意境和表达方式。另外，教师也可以设计一些写作任务，让学生通过写作，展示对古诗文的理解和感悟。

在测试方式方面，可以结合选择题、填空题、解答题等形式，全面考查学生对古诗文知识的掌握和运用能力。同时，还可以设计一些创意性的测试题目，以促进学生创造性思维发展。

总之，通过合理的教材内容选材与编排、明确的知识点和技能要求、多样化的教学方法和教学活动设计，以及多元化的评价与测试方式，在新课标下可以提高小学古诗文教学质量，促进学生对古诗文的深入理解。

二、新课标下小学古诗文教学教材内容的分析

（一）选材和编排

新课标下的古诗文教材在选材和编排方面应更加注重其思想性和艺术性。首先，选材范围要广泛，应包含不同类型和风格的古诗文作品。这样，一方面可以让学生接触到更多不同题材和体裁的作品，丰富他们的阅读体验；另一方面也可

以通过对比不同作品，帮助学生理解古代文化和思想。

其次，教材在编排上应注重逻辑性和渐进性。教材的编排应结构合理，循序渐进地引导学生理解和欣赏古诗文。教材中的古诗文作品要按照一定的顺序进行组织，如从简单到复杂、由浅入深地呈现给学生。这样就可以帮助学生逐步建立起对古诗文的认知和理解，有利于他们更好地理解和欣赏古诗文作品。

（二）知识点和技能要求

教材的知识点主要包括诗歌的基本概念、古代文化知识以及阅读和欣赏古诗文的技巧。首先，教材介绍了诗歌的基本概念，包括诗的定义、特点和常见的体裁等内容。学生通过学习这些知识点，就可以对诗歌形成一个比较全面的认识。

其次，教材注重教授古代文化知识。学习古诗文不仅仅是对文字的理解，还需要了解古代社会和文化的背景。教材会介绍一些与作品相关的历史事件、古代人物和文化背景等，这样可以帮助学生更好地理解和解读古诗文。

最后，教材要求学生掌握阅读和欣赏古诗文的技巧。教材中会给出一些阅读古诗文的方法和技巧，如如何理解诗句的含义、如何理解诗歌的结构等。学会了这些技巧，就可以帮助学生提高对古诗文的理解和欣赏能力。

（三）教学方法和教学活动设计

教材提供了丰富的教学方法和教学活动设计，以满足不同学生的学习需求。包括朗读、解读、分析、仿写等多种形式。

在朗读方面，教材会引导学生逐句逐段地进行朗读，培养学生对诗歌韵律感的把握。学生通过多次朗读，就可以更好地理解和感受诗歌的韵律之美。

在解读方面，教材会通过讲解文化背景、分析诗句结构等方式，帮助学生深入理解古诗文作品。教师可以通过提问、讨论等形式，引导学生积极参与，思考作品的内涵和艺术特点。

在分析方面，教材会引导学生对古诗文进行解读，包括诗句的押韵、修辞手法、表达手法等。通过分析，学生可以更深入地理解诗歌的美和诗人的写作意图。

在仿写方面，教材会引导学生进行创作，让学生通过模仿古代诗人的写作风格，感受到古代文化的魅力，并培养自己的创作能力。

通过这样多样化的教学方法和活动设计，学生可以全方位地参与到课堂中，积极思考和表达自己对古诗文的理解和感受。

（四）评价与测试方式

教材中的评价与测试方式比较多样，既包括课堂讨论和作业评价，也包括阶段性考试和终结性考试。评价主要是针对学生对知识的理解和掌握能力，以及对古诗文的欣赏和表达能力进行评估的。

在课堂讨论中，教师可以通过提问、小组讨论等方式，评价学生对知识点的掌握程度。学生可以在课堂上阐述自己对古诗文的理解和个人观点，可以与同学进行交流和互动。

在作业评价中，教师可以通过阅读学生的作文、解析古诗文的完成情况等，了解和评价学生对知识的运用和理解能力。学生的作业包括古诗文的翻译、分析和创作等形式，有利于学生加深对知识的理解和记忆。

在阶段性考试和终结性考试中，教师可以设置选择题、填空题等形式的考题，测试学生对知识点的掌握情况。同时，还可以设置解答题，这是对学生对古诗文的理解和表达能力等方面所进行的比较全面的考查。

（五）教师指导与辅助材料

教材还提供了教师指导和辅助材料，包括教学参考书、教学辅助软件等。这些辅助材料为教师提供了更多的教学资源和工具，有助于教师更好地进行教学设计和教学实施。

教学参考书可以提供专业的理论知识和教学方法，帮助教师深入理解和应用教材。教学辅助软件可以通过图像、音频等多媒体形式，为学生提供生动、直观的教学内容，从而增强学生对古诗文的感知和理解力。

可见，教师根据自己的教学需要和学生的学习情况，灵活运用这些教学辅助材料，能够使古诗文教学更加生动有趣，也能够提高学生的学习兴趣和积极性。同时，教师指导和辅助材料的选择也可以为教师的教学评价提供依据和教学参考。

三、新课标下小学古诗文教学教材内容的评价

（一）选材广泛

新课标下小学古诗文教学的教材选择比较广泛，涵盖了不同类型和风格的古

诗文，如田园诗、山水诗、咏物诗等，使学生能够接触到不同主题和不同表现形式的作品。这样的广泛选材有利于学生对古代文学的全面了解和欣赏。学生在学习过程中，可以通过阅读和分析这些作品，感受其中蕴含的情感和思想，提高了对中国古代文化的认知。

（二）注重思想性和艺术性

新课标下小学古诗文教学的教材更加注重作品的思想性和艺术性。教材中的古诗文作品不仅仅是文字的表达，更重要的是通过作品表达作者的思想和情感。教材中的作品涵盖了丰富的内容，阅读这些作品，可以让学生体会到作者所描绘的生活场景、历史背景和社会意义。同时，教材所选的作品还注重对学生审美意识和情感表达能力的培养。通过学习和欣赏作品，培养学生的艺术鉴赏能力和文学素养。

（三）教学方法多样

新课标下小学古诗文教学的教材提供了多种多样的教学方法和活动设计。因此，教师可以根据学生的学习特点和需求，选择合适的教学方法进行教学。教材中的教学方法包括讲授、问答、讨论、展示等，这些方法能够激发学生的学习兴趣，促进他们的主动参与和积极思考。例如，教师可以通过讲解古诗文的背景知识和意义，帮助学生理解作品；通过提问和讨论，引导学生深入分析和思考作品中的语言和理念；通过学生展示和创作，激发他们的创造力和表达能力。

（四）评价方式合理

新课标下小学古诗文教学的教材的评价方式也更加合理多样。教材中的评价方式不仅注重学生对知识的掌握和理解能力的评价，也注重学生对古诗文的欣赏和表达能力的评估。而且教材中的评价方式涵盖了笔试、口试、表演等多种形式，能够全面、客观地评价学生的学习情况和能力。同时，教材还提供了评价标准和评语示例，有助于教师对学生进行科学、公正的评估，帮助学生发现自己的不足并加以改进。

（五）教师指导与辅助材料丰富

新课标下小学古诗文教学的教材提供了丰富的教师指导和辅助材料。教材中的教师指导能够为教师提供具体的教学建议和方法，帮助他们更好地组织和展开教学活动。教材中的辅助材料包括了注释、背景知识介绍、范文示例等，这些材料能够让教师和学生更加深入地理解和掌握古诗文作品。通过辅助材料的使用，教师能够针对不同学生的学习水平和需求，进行个性化的辅导和指导，从而提高教学质量和效果。

四、对现行教材内容的建议与改进方向

（一）增加经典名篇

在教材中增加一些经典名篇，可以为学生提供更多优秀的古诗文作品进行学习和欣赏。这些经典名篇包括不同朝代、不同作者的作品，如《敕勒歌》《登鹳雀楼》等。通过学习这些经典名篇，学生可以更深入地了解古代文学的精华和其文学魅力，培养对古诗文的热爱和欣赏能力。

古代文学作为中华文化的瑰宝之一，具有浓厚的历史底蕴和艺术魅力。经典名篇是由历代文人饱含深情和智慧创造出来的，它们反映了当时社会风貌、人生哲理和审美情趣，具有丰富的内涵和感染力。将经典名篇纳入教材，可以让学生接触到那些经过千锤百炼的古代文学作品，从而感受到古代文学的独特魅力。

通过学习经典名篇，学生可以感受到古代文学作品中所蕴含的深刻思考和情感表达。比如北朝乐府《敕勒歌》歌咏了北国草原壮丽富饶的风光，抒写敕勒族人热爱家乡热爱生活的豪情；《登鹳雀楼》则通过对大自然景色的描绘，表达了诗人对生命短暂和世事变迁的思考。这些经典名篇既有着浓厚的历史气息，又具有普世的价值，能够让学生领略到古代文学的博大精深。

（二）加强与现实生活的联系

在教材中增加一些与现实生活相关的古诗文作品，可以帮助学生将古代文学与当代生活相联系。这些作品涉及学生生活中的常见事物，如家庭、友情、校园等，让学生通过古诗文作品来理解和反思当代生活的意义和价值。通过与现实生活的联系，学生可以更好地理解和欣赏古诗文的当代意义，同时也可以激发学生对古诗文的兴趣和学习动力。

古诗文作为古代人物对生活、情感和社会的表达，与当代生活也有着许多共通之处。比如唐代王之涣的《登鹳雀楼》以其对山水景色的描绘，激发出对家乡

和美好生活的向往，这是学生可以直接感受到的情感和体验。在教材中选择一些与学生的日常生活密切相关的古诗文作品，可以使学生更易于理解和感受其中蕴含的情感和思想。

通过将古诗文与现实生活联系起来，学生不仅能够更深入地了解和欣赏古代文学作品，也能够通过古诗文作品的启发，思考当代生活的价值和意义。同时，这种联系也能够培养学生的跨文化交流能力，让他们在面对不同文化背景的人时，更具有开放性和包容性。

（三）注重语言表达能力的培养

在教材中增加一些注重语言表达能力的练习和活动，可以帮助学生提高语言表达的准确性和流畅性。这些练习和活动可以包括口头表达、写作等形式，可以要求学生用准确而生动的语言来描述和解读古诗文作品。通过这样的练习和活动，学生可以提高自己的语言表达能力，同时也能更好地理解和欣赏古诗文的内涵和独特韵味。

语言表达能力是学生综合素养的重要组成部分，也是学习古代文学的基础。在教材中设置一些注重语言表达能力的练习和活动，可以帮助学生提升自己的写作水平和口头表达能力。比如通过让学生朗读古诗文作品、合作演绎剧本、写作评论等形式，既能够提高学生的语言表达能力，也能够增进对古诗文作品的理解和欣赏，从而引导学生找到适合自己的表达方式，并不断改进自己的表达技巧。

（四）增加多元文化视野

在教材中可以增加一些多元文化的古诗文作品，即来自不同地区、不同民族的文学作品，如藏族、彝族等少数民族的古诗文作品，这样可以让学生了解不同文化背景下的诗歌创作和表达方式。通过学习这些多元文化古诗文作品，能够让学生开阔视野，了解不同文化背景下人们对生活、情感和社会的不同表达方式。

中国拥有丰富多样的民族文化，每个民族都有自己独特的艺术表现形式。将不同民族的古诗文作品纳入教材，可以让学生在学习中感受到多元文化的魅力。比如学习藏族的古诗文作品，可以让学生了解到藏族文化中蕴含的深刻哲理和别样风情，也增强了学生对于民族文化差异的理解和尊重。

通过增加多元文化，可以开阔学生的视野，让学生在古代文学学习中领略到不同地域和民族的艺术表达方式，体验到不同文化背景下的审美情趣和价值观。这样的学习还可以激发学生对于多元文化的兴趣和好奇心，促进他们积极参与跨文化交流，培养他们广阔的国际视野和人生大格局。

第二节　教学方法与策略的现状与问题

一、新课标下小学古诗文教学的教学方法与策略

（一）情景模拟法

情景模拟法是一种通过模拟古代生活场景，让学生身临其境地感受古诗文的情境和意境，加深对古诗文理解和欣赏的教学方法。在教学中，教师可以通过布置角色扮演、场景再现等活动，让学生扮演古人，以此体验古代生活环境，感受古诗文所描绘的情感与意境。比如，可以邀请学生在课堂上扮演古代文人、诗人、官员等角色，通过演绎诗词背后的故事和情节，深入理解古诗文的内涵和情感。这样的情景模拟可以激发学生的学习兴趣和想象力，增强他们对古诗文内容的理解和记忆。

（二）启发式教学法

启发式教学法是一种通过提问和引导，激发学生的思考和探索，培养他们的创造性思维和创造力的教学方法。在古诗文教学中，教师可以提出开放性问题，引导学生思考并表达自己的观点和想法。比如，可以提问古诗文中某个词句的意义、作者的用意等，引导学生对古诗文进行深入分析和思考。同时，教师可以鼓励学生独立进行创作，通过模仿古人的写作风格创作诗歌，培养学生的创造性思维和创作能力。而且这样的启发式教学方法可以激发学生的主动性和积极性，并促进他们对古诗文的理解和欣赏。

（三）合作学习法

合作学习法是一种通过小组合作进行学习，让学生在小组内共同解读和分析古诗文，能够促进彼此之间的互动和学习的教学方法。在古诗文教学中，教师可以将学生分成不同小组，让每个小组负责解读和分析一首古诗文作品。在此期间，

小组成员可以相互交流、讨论，共同探究古诗文的内涵和艺术特点。在小组内，学生可以互相补充和启发，不断丰富对古诗文的理解和领悟。在这个过程中，教师可以充当引导者的角色，并及时给予学生指导和反馈，以推动小组合作学习活动的顺利进行。这样的合作学习可以培养学生的合作意识和团队精神，提高他们对古诗文的深入理解。

（四）多媒体辅助教学法

多媒体辅助教学法是一种利用多媒体技术，结合图像、音频、视频等形式展示古诗文作品，以提供更直观、生动的学习资源的教学方法。在古诗文教学中，教师可以通过投影仪或电子白板等形式展示古诗文的内容，并配以相关的图像、音频等素材，使学生能够更加直观地感受古诗文所描绘的景物和情感。同时，教师还可以使用音频和视频等媒体资源，播放相关的音乐、朗诵等。这种增强学生对古诗文的感知和理解能力的辅助教学模式，可以使学生对古诗文产生更深入的印象，提高他们的学习参与度和学习效果。

二、新课标下小学古诗文教学方法与策略的现状分析

（一）情景模拟法的应用较少

目前在古诗文教学中，情景模拟法的应用相对较少。情景模拟法是一种通过模拟古代生活情境来帮助学生深入理解和感受古诗文内涵的教学方法。然而，在实际教学中，学生很少能够真正体验到古代的生活情境，无法深入理解和感受古诗文所描绘的场景和意境。

为了解决这一问题，可以尝试开展一些情景模拟活动。例如，可以组织学生进行角色扮演，让他们扮演古代文人或历史人物，重新演绎古诗文中的情节和场景；或者利用多媒体技术创建虚拟的古代场景，让学生去亲身体验。通过这种情景模拟的方式，学生能够更加直观地感受古代生活，加深对古诗文内容的理解。

（二）启发式教学法的运用不充分

在古诗文教学中，启发式教学法的运用不够充分。启发式教学法注重引导学生主动思考、探究和解读，能够培养学生分析问题、解决问题等独立思考的能力。然而，在实际教学中，一些教师往往更注重知识的灌输，而缺乏对学生思考和解

读能力的培养。

因此，为了更好地运用启发式教学法，教师可以采用一些教学策略。例如，在引导学生阅读古诗文时，教师可以提出一些开放性的问题，以启发学生进行深入思考和探究；或者通过案例分析等方式，激发学生的学习兴趣。此外，教师还可以鼓励学生进行小组或个人研究，通过自主探索，发现古诗文的思想内涵。通过这样的启发式教学方式，能够提高学生的思考能力和创造力，增强他们对古诗文的理解。

（三）合作学习法实施中存在的困难

合作学习法能够促进学生之间的互动和合作，培养他们的合作能力、沟通能力和团队意识。但在古诗文教学中，合作学习法的实施存在一定的困难。这是因为，班级中学生人数较多，不利于学生之间的互动和合作。

为了解决这一问题，教师可以采取一些针对性的措施。首先，教师可以通过小组讨论、合作任务等方式，鼓励学生之间的合作互动。其次，教师应该合理安排和组织课堂活动，以提供适当的时间和空间促进学生之间的合作，确保每位学生都能够参与其中。同时，教师还可以通过项目学习、合作研究等方式，让学生在小组中完成一定的任务，培养他们的团队协作能力。

（四）多媒体辅助教学法发展不均衡

尽管多媒体技术在古诗文教学中得到了广泛应用，但仍存在一些地区或学校由于多媒体设备的缺乏，多媒体教学资源的开发利用程度不高的情况。

因此，为了推动多媒体辅助教学法的发展，各学校都有必要加强相关的硬件和软件设施建设。教育部门应加大对学校的支持和资金投入，为一些缺乏多媒体教学设备的学校提供多媒体设备，这样就能确保每个学生都能够接触到多媒体教学资源。另外，学校应该加强对教师的培训，例如通过制作教学PPT、录制视频等方式，将多媒体技术融入古诗文教学中，提高他们对多媒体教学资源的开发和利用能力，从而提升教学的趣味性和教学效果。

三、新课标下小学古诗文教学方法与策略存在的问题

新课标下小学古诗文教学方法与策略存在的问题主要表现如下：

（一）教学方法单一

部分教师在古诗文教学中仍然依赖传统的讲授式教学方法，而忽视了学生的主体性和参与性，从而导致学生对古诗文缺乏深入的理解和体验。

针对这一问题，可以通过创新教学方法，提高学生的参与度和学习兴趣。首先，教师可以采用多样化的教学方法，包括小组讨论、角色扮演、情景模拟等方法，以激发学生的主动性和创造性。此外，还可以借助现代化的技术手段，如采用多媒体教学、互联网资源等，使学生能够更加直观地感受古诗文的内涵和意境。通过以上丰富多样的教学方法，增强了学生的体验感，从而提高了学生对古诗文的理解力，进一步培养了他们的审美能力和文学素养。

（二）教师的角色定位不明确

部分教师在古诗文教学中，由于过于强调知识传授，缺乏引导学生主动思考和探索的教学策略，导致忽视了培养学生的文学素养和审美能力。

为了解决这一问题，教师应明确自己的角色定位，不仅要做学生知识的传授者，还要做学生学习的引导者和促进者。为了达到这样的目的，在教学中，教师可以通过提问、讨论等方式，激发他们的兴趣和创造力，促进学生对古诗文的思考和探索。此外，教师还可以组织一些文学活动，如朗诵比赛、创作比赛等，让学生有机会展示自己的才华和独特见解。通过明确教师的角色定位，可以培养学生主动思考和探索的能力，提高他们对古诗文的理解和欣赏水平。

（三）学生的参与度不高

一般来说，由于课堂规模较大，老师授课时可能兼顾不到所有的学生，这样就导致部分学生在古诗文学习中缺乏积极性和主动性，导致他们的学习效果不佳。

所以，为了增加学生的参与度，教师可以采取一些有效的授课策略。首先，教师可以利用小组合作学习的方式，如小组讨论、合作完成任务等形式，激发学生的学习兴趣和合作意识，促进学生之间的互动和合作。其次，教师可以设置一些具有挑战性和趣味性的学习任务，激发他们的积极性和主动性。此外，教师还可以采用个性化辅导等方式，关注每个学生的学习需求，并给予个别学生指导和鼓励。通过这些措施，能够提高学生的参与度和积极性，促进他们对古诗文的深入学习。

（四）教材与教学方法脱节

教材中虽然提供了多样的教学方法和策略，但在实际教学中，教师并未充分结合教材的特点对这些方法和策略加以灵活运用，因此造成了教材与教学方法的脱节。

为了解决这个问题，教师应该深入研读教材，理解其中的教学目标和内容，并根据教材的特点选择合适的教学方法和策略，使之与教材内容相互匹配、相互补充。例如，在讲解诗歌的时候，可以通过语音朗诵、情景模拟等方式增强学生的感受和理解能力；在分析古代文化背景的时候，可以运用多媒体教学等方式为学生提供更直观的展示和讲解。通过紧密结合教材与教学方法，能够使学生更好地理解和掌握古诗文的知识。

（五）评价方式单一

从教学实践来看，教师对于古诗文教学的评价，主要以笔试形式为主，缺乏多元化的评价方式，从而无法全面评估学生对古诗文的理解和表达能力。

为了达到全面评估学生学习效果的目的，教师需要丰富评价方式，比如可以采用多样化的评价方式。如除了传统的笔试形式外，还可以引入口头表达、演讲、朗诵等方式。此外，还可以组织一些综合性的项目评价，如创作比赛、研究报告等，让学生综合运用所学知识和技能，发挥自己的创造性和批判性思维。通过以上多元化的评价方式，就可以更全面地评估学生对古诗文的理解和应用能力，激发他们的学习积极性。

四、改进教学方法与策略的建议

为了提高教学效果，教师在教学过程中，需要改进现有的教学方法与策略，建议如下：

（一）多样化的教学方法

在古诗文的教学过程中，教师可以运用多样化的教学方法来激发学生的学习兴趣和主动性。比如情景模拟法，就是一种有效的教学方法，它是通过创设情境，让学生身临其境地感受古代文化背景，在此基础上理解古诗文的语境和内涵。例如，教师可以设置一些场景，让学生扮演古代文人并进行演绎，以更好地理解和感受古人创作的背景与意境。

启发式教学法也是培养学生主动思考和发现问题能力的重要方法。通过提问、引导和讨论，教师可以激发学生对古诗文的思考和理解。比如，教师可以提出一些有趣的问题，鼓励学生自主解读古诗文作品，并鼓励他们表达个人观点和看法。同时，教师还可以引导学生归纳总结规律，培养学生的逻辑思维和分析能力。

除了情景模拟法和启发式教学法外，教师还可以采用案例分析和小组合作等教学策略来促进学生的分析与合作能力的发展。比如可以选取一些有代表性的古诗文作品，让学生进行案例分析，深入研究其中的文学技巧和艺术特点。同时，通过小组合作学习，学生相互交流、共同研讨，能够提高对古诗文的理解深度。也可以组织学生之间进行合作探究，让他们共同解读古诗文作品，并通过角色扮演、剧场表演等形式，使学习的过程更加生动有趣。

（二）突出学生的主体地位

在古诗文教学中，要充分发挥学生的主体作用，引导他们积极思考和解读古诗文，培养他们的创造力和思辨能力，尤其应注重培养学生的批判性思维能力，引导他们自主解读古诗文作品，鼓励他们表达个人观点和看法。比如，教师可以提出一些开放性的问题，让学生展开探究和探讨，以此培养他们的批判性思维和分析问题的能力。同时，教师也应鼓励学生进行个性化的阅读与感悟，让每个学生都能在古诗文中找到自己喜欢的。

在古诗文教学中，教师可以设置小组合作学习的机会，让学生之间相互交流、共同研讨，提高对古诗文的理解深度。通过小组合作学习，学生共同解读古诗文作品，可以互相启发，同时，角色扮演、剧场表演等形式，也使学习的过程更加生动有趣。此外，教师还可以指导学生针对一个古诗文问题展开合作探究，培养学生的团队合作意识和协作能力。通过小组合作学习，学生之间的互动与合作可以激发出思维火花，拓宽学生的学习视野，促进彼此的成长。

（三）充分利用多媒体技术

现代多媒体技术是古诗文教学的重要工具，教师应充分加以利用，为学生展示更直观、生动的古诗文学习资源，提高学生学习效果。通过使用音频、视频等多媒体资料，可以让学生更好地感受古代文学作品的声音和情感，增强学习的参与感和体验感。比如利用多媒体技术展示古诗文的演唱、朗诵以及相关艺术形象等，让学生在视听中更好地理解和感受古诗文的独特之美。

同时，教师还可以利用互联网资源，让学生在教室内就能接触到丰富的古诗文资料和相关研究成果，拓宽学生的阅读面和学习渠道。通过互联网资源的有效利用，可以让学生获取更多深入的背景知识、文化信息和学术研究成果，从而加深对古诗文的理解和欣赏能力。

（四）多元化评价方式

除了传统的笔试形式外，教师还可以采用口头表达、小组展示等多元化的评价方式，全面评估学生对古诗文的理解和表达能力。其中，口头表达可以让学生在较短的时间内清晰地表达自己对古诗文的理解和感受。比如可以组织学生进行小组讨论，鼓励他们就古诗文的主题、情感、意象等方面进行口头表达，培养学生的表达能力和逻辑思维能力。

小组展示是一种能够展示学生团队合作能力和对古诗文理解能力的方式。如教师可以分配不同的古诗文给每个小组，并要求他们进行解读和呈现，通过展示让其他同学了解到不同的解读角度和方法。此外，还可以进行作品创作、写作评论等形式的评价，鼓励学生发挥自己的创造力和批判性思维，培养学生的综合能力。

通过多样化的教学方法、突出学生的主体地位、鼓励合作学习、充分利用多媒体技术和多元化的评价方式，可以使古诗文教学更加生动有趣，也能够激发学生的学习兴趣和主动性，提高学生对古诗文的理解能力和综合素养。

第三节　教师与学生的互动情况分析

一、新课标下小学古诗文教学中教师与学生的互动情况

（一）教师引导学生参与

在新课标下的小学古诗文教学中，教师与学生之间的互动主要体现在教师引导学生理解和参与上。教师通过提问、讲解和示范等方式，引导学生逐步理解古诗文的意义和表达方式，并鼓励学生积极参与到古诗文的朗读、解析和创作中来。

教师在教学过程中可以提出问题，也可以通过思维导图、图片、视频等多种呈现形式，进一步激发学生的思考力和想象力。教师还可以通过启发学生分析描写对象的特点，进一步理解古诗文的意境。另外，在解读古诗文时，教师可以采用引导式提问，帮助学生分析和理解语言的表面意思和深层含义。并通过对重要词句、修辞手法等的分析，使学生更好地领悟古诗文的内涵和艺术魅力。

此外，教师还可以将诗词背景与学生的日常生活联系起来，通过举例解释和情境创设，帮助学生更好地理解古诗文的情感和意义。教师可以引导学生观察自然景物、人物形象等与诗词有关联的事物，从而加深学生对古诗文的体验和理解。

（二）学生提出问题与观点

在古诗文教学中，学生也会提出自己的问题和观点，与教师展开互动。他们可能有疑惑、不理解或有自己的见解，通过提问和讨论，学生可以向教师请教自己的问题，与教师交流自己的观点，从而更好地理解和掌握古诗文。

教师应该鼓励学生提出问题，尊重学生的思考和观点，并给予及时的回答和解释。教师可以设立一个问题墙，鼓励学生将自己的问题写下来，教师可以选择性地回答或组织学生进行讨论。此外，教师还可以鼓励学生之间的互相交流和合作，促进学生之间的相互学习和启发，通过小组讨论和合作来解决问题。

（三）教师给予个别指导和反馈

为了满足学生的学习需求，教师还会对学生进行个别指导和反馈。根据学生的学习情况和表现，教师会给予针对性的指导，帮助学生理解和分析古诗文中的

语言特点和表达意图，并及时反馈学生的学习成果，鼓励他们不断进步。

教师可以通过个别辅导、小组讨论等方式，了解学生在古诗文学习中的困惑和难点，为学生提供相应的解决方案和学习策略。教师可以针对学生的个体差异，制订个性化的学习计划和任务，帮助学生渐进式地提高对古诗文的理解和阅读能力。

同时，教师也应该及时给予学生的学习以明确而具体的反馈，表扬学生的优点，也指出不足之处，并提供相应的改进建议。教师的反馈应该具有参考性和启发性，这样就可以帮助学生更好地理解和改进自己的学习方法和策略。

（四）学生展示与分享成果

在古诗文教学过程中，教师会给予学生展示和分享的机会。学生可以通过朗读、演绎、创作等方式，展示自己对古诗文的理解和感悟，并与同学们互相交流与借鉴。这种互动的形式能够使学生更加主动地参与到教学中来，增强他们的学习兴趣和积极性。

教师可以组织学生举办诗歌朗诵会或小型文学分享会，让学生有机会将自己的学习成果展示给全班或学校的其他同学。同时，教师也可以鼓励学生通过写作、绘画、表演等形式进行创作和表达，进一步培养学生的艺术创造力和表达能力。

通过学生的展示和分享，其他同学和教师可以对其成果进行评价和反馈，促进学生之间的相互学习和进步。同时，学生的展示也可以增强他们的自信心和表达能力，培养良好的人际交往能力和团队合作精神。

以上四种互动方式可以有效地促进学生对古诗文的理解和参与度，培养他们的审美情趣和文学修养。教师在教学中应注重倾听学生的声音，激发学生的学习热情，引导他们更好地进行自主性的学习。同时，教师也应根据不同年级和学生的特点，引导学生采用不同的互动方式，教学方式的灵活应用，能够使教学更加生动、有效。

二、教师与学生在古诗文教学中的角色定位分析

（一）教师的角色定位

在古诗文教学中，教师应当是学生学习的引路人和指导者。教师应该具备丰

富的知识和深厚的文化修养,并以身作则,成为学生学习的榜样。教师还应该具备良好的教学技能,能够有效地组织和引导学生的学习活动。

教师在古诗文教学中的角色包括以下几个方面:

1. 知识传授者

教师要深入研究古诗文,掌握丰富的知识,通过讲解、演示等方式,向学生传授相关的古诗文知识和写作技巧。

2. 引导者

教师应该引导学生正确理解古诗文的内涵和形式特点,启发学生的思考,培养他们的分析和判断能力。

3. 鉴赏导师

教师应该培养学生对古诗文的鉴赏能力,帮助他们欣赏和理解古诗文中蕴含的美学价值。

4. 个别化辅导者

教师要根据学生的特点和需求,进行个别化辅导,帮助学生克服困难,提高学习效果。

(二)学生的角色定位

在古诗文教学中,学生是学习的主体和积极参与者。学生应该成为古诗文的主动学习者,积极进行思考、探索和表达。

学生在古诗文教学中的角色包括以下几个方面:

1. 主动学习者

学生应该主动参与到古诗文的学习中,主动阅读、思考和分析古诗文的内涵,发现其中的美学价值和文化内涵。

2. 合作学习者

学生可以组织小组合作研究、讨论和分享,通过相互合作、借鉴和帮助,提高对古诗文的理解和应用能力。

3. 创造者和表达者

学生可以通过创作和表达,将所学的古诗文知识运用到实际情境中,阐述自己的想法和见解。

4. 批判性思维者

学生应该培养批判性思维的能力，在阅读和分析古诗文时，能够审视其中的逻辑关系、修辞手法等，并进行批判性思考。

（三）教师与学生的互动

在古诗文教学中，教师与学生之间的互动应当是密切的，并以教师的引导和促进为主。

教师与学生之间的互动方式包括以下几个方面：

1. 提问和回答

教师通过提问的方式激发学生的思维，引导他们参与讨论和回答问题，帮助他们更好地理解古诗文。

2. 示范与演示

教师可以通过示范朗读、演示分析等方式，向学生展示正确的思考和表达方式，帮助他们提高学习效果。

3. 讲解与解决问题

教师可以通过讲解和解答学生提出的问题，帮助他们克服困难，提高对古诗文的理解和应用能力。

4. 反馈和评价

在古诗文学习中，教师应给予学生及时的反馈和评价，积极的反馈可以鼓励他们主动学习，指导他们改进学习中的不足。

（四）教师与学生的合作

在古诗文教学中，教师与学生之间的合作是重要的。教师可以组织学生进行小组合作研究、讨论和分享，鼓励学生相互启发、帮助和借鉴。

教师与学生的合作包括以下几个方面：

1. 小组讨论

教师可以组织学生进行小组讨论，让学生相互交流、分享自己的想法和见解，通过这种方式获得启发和指导。

2. 合作任务

教师可以设计一些合作任务，让学生分工合作，共同完成某项任务，培养他们的团队合作意识和能力。

3. 互助学习

教师可以鼓励学生之间相互帮助和相互学习借鉴，通过学生之间的互相批评和及时反馈，提高他们的学习效果。

通过教师与学生之间的合作，能够促进学生对古诗文的深入理解和应用，同时也能够培养学生之间的合作意识和能力。

教师在古诗文教学中的角色定位是引路人和指导者，学生的角色定位是主动的学习者和积极参与者。要取得良好的教学效果，教师与学生之间的互动和合作应当是密切的，并且是通过提问、回答、示范、演示等方式展开的。教师与学生的合作能够促进学生对古诗文的深入理解和应用，培养学生的合作意识和能力。

三、教师与学生在古诗文教学中的互动方式分析

从实际教学来看，教师与学生在古诗文教学中的互动方式主要包括如下几个方面：

（一）讲授与解读

教师通过讲授和解读，向学生传授古诗文的知识和技巧。教师可以运用讲述、分析、解释等方法，帮助学生理解古诗文的语言特点、意境以及作者的思想情感。

在古诗文教学中，教师可以先对整首古诗或古文进行整体的讲述，引导学生了解其背景、题材、作者等基本信息。然后，教师可以通过逐句逐段的解读，对古诗文中的重要词句、修辞手法、表达方式等进行分析和解释，帮助学生理解其中蕴含的意旨和艺术特点。

在讲授和解读过程中，教师应注重运用启发式教学，鼓励学生自主思考，理解古诗文的主旨。比如可以通过引导学生运用对比、联想、拓展等方式，积极思考和探索古诗文的多重意象和表达方式，培养学生的创新思维和批判性思维能力。

（二）提问与回答

教师通过提问，引导学生主动思考回答问题。通过提问，可以激发学生的学习兴趣，培养他们批判性思维和解决问题的能力，同时也可以检验学生对古诗文

的理解和掌握程度。

需要注意的是，教师的提问应具有针对性和启发性，既能引导学生思考古诗文的表面含义，也能帮助他们深入理解其中的情感和意境。教师提出的问题应当是开放性的，这是鼓励学生多角度、多层次地思考和回答，促进学生的思维发展，即批判性思维能力的培养。

同时，教师还可以引导学生提出自己的问题，鼓励学生进行深入思考和探索。当学生遇到困难时，教师应给予学生充分的回答和解释，帮助他们理解和解决内心的困惑，同时也应鼓励学生自主研究和追问，进一步提高学生的学习独立性和自主性。

（三）讨论与交流

教师可以组织学生进行小组讨论和交流，让学生之间相互分享和借鉴经验。通过讨论，学生可以更深入地理解和分析古诗文，同时也能够培养他们的合作意识和团队精神。

教师可以设立学习小组，让学生在小组内进行互动和探讨。教师可以给学生提供一些引导性问题，帮助他们展开思考和讨论，同时也可以鼓励学生提出自己的观点和见解，促进学生之间的思想交流和思维碰撞。在这个过程中，教师应鼓励学生学会相互倾听，尊重他人的意见，培养学生的合作精神和团队协作能力。

在讨论过程中，教师应给予学生适时的针对性指导，引导学生正确地思考和表达。之后，教师可以对学生的讨论进行点评和总结，激发学生进一步地思考和对古诗文的深入理解，同时，也培养了学生的批判性思维和创造性思维。

（四）展示与评价

教师可以给学生提供展示和评价的机会，让学生通过朗诵、演唱、创作等方式展示自己对古诗文的理解。同时，教师也应给予学生积极的评价和指导，鼓励他们不断进步。

学生可以选择自己感兴趣的古诗文进行展示，通过朗诵、表演、演唱等形式表现自己对古诗文内容的理解。教师则根据学生的表现给予积极的评价和鼓励，同时提出一些建议和改进意见，帮助学生提高自己的表达能力和艺术修养。

此外，在展示过程中，教师还可以鼓励学生之间的互相学习和借鉴。学生通过观摩他人的展示作品，从中汲取有益的经验和灵感，帮助自己提升理解能力和表达水平。教师应鼓励学生之间的互动交流，互相评价和给予建议，培养学生的审美意识和学习合作能力。

（五）个别辅导与反馈

根据学生的学习情况和需求，教师应进行个别辅导和反馈。教师可以通过一对一指导、作业批改等方式，并给予学生积极的反馈和鼓励，帮助他们解决问题，提高学习效果。

教师也可以与学生进行面对面的讨论或辅导，帮助学生理解和掌握古诗文中的难点和重点。如可以根据学生的个体差异和学习需求，提供个性化的指导和建议，帮助学生找到适合自己的学习方法和策略。

同时，在作业批改过程中，教师应给予学生明确而具体的批改建议。比如指出学生在古诗文理解、表达等方面的优点和不足，并提供相应的改进方向和方法。另外，教师的反馈还应具有启发性和指导性，这样就能够鼓励学生进行自主思考和改进，培养他们的自学能力。

通过讲授与解读、提问与回答、讨论与交流、展示与评价、个别辅导与反馈等多种方式的运用，教师可以促进学生对古诗文的深入理解和积极参与，培养学生的思辨能力、合作精神和自主学习能力。同时，教师也应根据学生的年级特点和实际情况，灵活运用不同的互动方式，使教学形式更加生动、有效。

四、教师与学生互动中存在的问题与挑战

在古诗文教学中，教师与学生在互动中存在的问题与挑战主要表现如下：

（一）学生参与度不高

在古诗文教学中，部分学生可能对古诗文的兴趣不高和理解程度有限，导致他们在教学互动中参与度不高。因此，为了提高学生的参与度，教师可以采取以下措施：

1. 激发学生的学习兴趣

教师可以通过引入相关的背景知识、讲述古人的故事和历史背景等方式，激发学生对古诗文的兴趣。

2. 启发学生的思考

教师可以提出一些开放性的问题，鼓励学生进行思考，表达自己的见解。通过提出问题和解决问题的过程，启发学生进行积极的思考，同时也能够激发学生的学习热情。

3. 创设合适的教学活动和环境

教师可以设计一些富有趣味性和互动性的教学活动，如角色扮演、小组讨论、课堂游戏等活动，鼓励学生积极参与其中。

4. 个别化辅导和支持

针对参与度较低的学生，教师可以进行个别化辅导和支持，了解他们的学习需求和困难，并为学生提供相应的帮助和指导。

（二）学生观点单一

在讨论和交流中，有些学生可能存在观点单一的问题，缺乏深入的思考和多样化的见解。为了引导学生发展多样化的观点和思维方式，教师可以采取以下措施：

1. 提供多样化的学习资源

教师可以为学生提供多种诗文材料、评论或研究成果，让学生接触到不同的观点，拓宽他们学习的思路和视野。

2. 鼓励学生自主思考并进行表达

教师可以鼓励学生独立思考，通过提问和讨论，引导学生主动表达自己的观点，并鼓励他们进行深入的分析和思考。

3. 组织多元化的讨论和合作活动

教师可以组织学生进行小组讨论、辩论赛等活动，鼓励他们分享和交流自己的见解，帮助他们从不同的角度思考问题。

4. 提供启发性的问题和思考素材

教师可以设计一些启发性的问题，引导学生进行深入的思考和探索，帮助他们形成独特的观点和见解。

（三）个别学生学习困难

由于学生的学习水平和理解能力存在差异，个别学生可能面临学习困难。为了帮助这些学生克服困难，教师可以采取以下措施：

1. 了解学生的学习需求

教师应该与学生进行沟通和交流，了解他们的学习需求和困难，并提供针对性的辅导和支持。

2. 个性化辅导和教学设计

教师可以根据学生的学习情况，设计个性化的辅导方案和教学活动，帮助他们逐步提高自己的学习能力和理解水平。

3. 引导学生积极寻求帮助

教师可以鼓励学生主动寻求帮助，为他们提供一对一的辅导和答疑服务，解答他们在学习过程中遇到的问题。

4. 培养学习方法和策略

教师可以教授学生一些有效的学习方法和策略，帮助他们建立良好的学习习惯，增强自主学习的能力，帮助他们提高学习效果。

（四）评价与反馈不及时

在展示和评价环节，教师可能由于时间有限，无法给予学生及时的评价和反馈。为了解决这个问题，教师可以采取以下措施：

1. 合理安排时间

教师在课堂设计中应合理安排时间，确保有足够的时间对学生的作品进行展示并做出及时的评价，在评价之前，还应向学生解释评价标准和要求。

2. 提供即时的反馈

教师可以提供即时的口头反馈，在学生展示完毕后，应给予简短明确的意见和建议，鼓励学生改进自己的分析和表达。

3. 书面评价

教师可以在课后给予学生书面评价，对他们的表现进行详细的分析、评价和指导，帮助他们更好地理解和掌握古诗文。

4. 鼓励同学评价

教师可以鼓励学生互相评价和交流，通过同学之间的评价和反馈，帮助学生发现自身的不足并加以改进。

通过以上的种种措施，就可以有效提高学生的参与度，促使学生发展多样化的观点，形成个人的思维方式，这样也可以帮助学生克服学习困难，提高学生的学习效果和自信心。

五、改进教师与学生互动的建议与措施

（一）激发学生的兴趣

教师可以通过多样化的教学方法和资源，激发学生对古诗文的学习兴趣和热情。例如，引入音视频材料、举办朗诵比赛等活动，使学生更加主动积极地参与到学习中来。

在教学过程中，教师可以运用多媒体技术，将古诗文与音频、视频等资源相结合。通过播放相关的音频或视频，让学生在听觉和视觉上都能有更直观的感受和体验，激发他们对古诗文的兴趣。

此外，教师还可以组织朗诵比赛、创作比赛等活动，让学生通过表演、创作等形式展示自己对古诗文的理解和感悟。这样的活动不仅增加了学生的参与度和积极性，还培养了学生的艺术修养和表达能力。

（二）引导学生多角度思考

教师可以引导学生从不同的角度和层面思考古诗文的内涵，培养他们的批判性思维和创造性思维。例如，教师提出一些开放性问题，鼓励学生独立思考后发表自己的见解和观点。比如，教师可以针对古诗文中的某一段落或某一个主题，提出一些开放性的问题，引导学生进行深入思考。教师可以鼓励学生从不同的角度分析、解析古诗文，比如情感、意境、文化背景等方面，培养学生的多元思维和理解能力。

此外，教师还可以鼓励学生尝试创新，如通过改编、演绎等方式，展示他们对古诗文的个人理解和创造力。这样的练习可以激发学生的创意思维和独立思考能力，培养他们的审美意识和创意表达。

（三）个性化辅导和支持

针对学生的学习差异，教师可以提供个性化的辅导和支持。例如，设立小组互助学习机制，为困难学生进行配对，成立学习小组，让学生之间互相帮助，开

展学习。

在教学过程中，教师也可以通过分组活动，将学生按照能力水平或学习风格进行合理的分组。如对于学习困难的学生，教师可以安排同组的优秀学生给予他们辅导和帮助，建立起一种互助学习的机制。

此外，教师还可以通过个别辅导和指导的方法，帮助学生克服学习中的困难。教师可以与学生面对面地交流，了解他们的学习问题和需求，并提供有针对性的指导和支持，帮助他们解决困惑，提高学习效果。

（四）及时评价和反馈

教师应尽可能及时地给予学生评价和反馈，鼓励并引导他们继续努力。可以通过口头或书面形式进行反馈，注重积极正面的评价，并提出具体的改进建议。

在教学过程中，教师可以及时对学生的表现进行评价，帮助他们提高学习的自信。教师通过给予学生积极的肯定，强调他们的优点和取得的成绩，能够激发学生的自信心和学习动力。同时，教师也要指出学生的不足并提出具体的改进建议，帮助学生发现自身的不足并加以改进。

此外，教师还可以通过讨论、作业批改等形式，与学生进行个别反馈和交流。比如可以指出学生在理解、表达等方面的亮点，同时也提出一些具体的建议和指导，帮助学生不断完善。

（五）创设互动平台和机会

教师可以创设多种互动平台和机会，让学生充分展示和分享自己的学习成果。例如，课堂演讲、作品展览等，为学生提供展示与交流的平台，激发学生的自信和参与积极性。

教师可以安排学生进行课堂演讲或展示，让他们有机会向全班同学展示自己对某篇古诗文的理解和感悟。同时，教师还可以组织作品展览、文艺晚会等活动，让学生通过绘画、书法、歌曲、舞蹈等方式，展示自己对古诗文的理解。

通过以上活动，学生不仅能够得到同学们的赞赏和鼓励，也能够与他人分享自己的心得和感悟，还能培养学生的表达能力和团队合作精神，激发他们对古诗文学习的兴趣和热情。

教师通过激发学生的兴趣、引导学生多角度思考、个性化辅导和支持、及时评价和反馈以及创设互动平台和机会等方式，可以全面提升古诗文教学质量，促使学生更加积极地参与到学习中来，增强学生对古诗文的理解和欣赏能力，同时也能够培养他们的批判性思维能力和创造性的表达能力。另外，教师也应充分关注学生的学习需求和差异，因材施教，确保每个学生都能够获得充分的学习支持和发展机会。

第四章　提升新课标下小学古诗文教学课程设置

第一节　设计符合新课标要求的古诗文教学课程

一、新课标下小学古诗文教学课程设计的要求

（一）培养学生的审美情趣和表达能力

古诗文作为中华民族宝贵的文化遗产，具有很高的审美价值。在新课标下的小学古诗文教学课程设计中，应该注重培养学生的审美情趣和表达能力。首先，在选择古诗文作品时，要注重挑选有代表性的、优雅厚重的作品。如可以选择唐诗宋词中的一些经典作品，因为这些作品不仅在艺术上具有较高的水平，在内容上也具有一定的思想性和艺术性，能够引起学生的情感共鸣。

其次，教师应该通过多种形式的教学活动，激发学生对古诗文的兴趣与欣赏能力。比如可以组织学生进行诵读、朗诵、演讲等活动。通过在活动中反复的朗诵和模仿，学生可以更好地理解和感受古诗文所蕴含的情感与意境，并且能够自如地表达出来。同时，可以设置一些创造性的任务，如要求学生根据古诗文创作画作、歌曲或小品等，以培养他们的艺术创造能力。

（二）注重培养学生的思维能力和创新精神

古诗文是人类智慧的结晶，通过学习古诗文，可以培养学生的思维能力和创新精神。在教学课程设计中，应该采用启发式教学法，引导学生主动思考和探索。教师可以通过提出一些问题，引发学生的思考，通过组织讨论等方式，激发学生思维的活跃，培养他们的批判性思维和创造性思维。

例如，在学习某首古诗文时，可以提出一些引导性问题，如"诗人通过怎样的描写手法表达了自己的情感？""你认为这首诗有什么难以理解的地方？"等等。通过让学生主动思考，不仅能够加深其对古诗文的理解，还能够培养学生的批判性思维和分析能力。

另外，要鼓励学生进行创作，比如要求学生根据学过的古诗文进行内容改编或创作。通过这样的方式，学生可以锻炼其创新意识和创作能力，培养他们的想象力和独立思考能力。通过这样的创作活动，学生不仅能够更好地理解古诗文的内涵，还能够提高自己的艺术表现力。

（三）提高学生的语言表达能力和文字运用能力

古诗文是语言艺术的瑰宝，在教学课程设计中教师应该注重提高学生的语言表达能力和文字运用能力。首先，教师可以通过学习古诗文的语言特点和表达技巧，提高学生的语言表达能力。比如，可以教导学生如何运用修辞手法、排比对仗等写作技巧，使其在表达时更加准确生动。同时，要注重培养学生的朗读能力，通过反复的朗读，学生可以更好地掌握古诗文的语言韵律和节奏，进而提高自己的口语表达水平。

另外，通过写作训练，指导学生如何运用所学的古诗文知识进行创作，培养他们的写作能力。教师可以引导学生根据古诗文内容进行写作，或者根据一定的指导要求进行写作训练。通过不同形式的写作活动，比如写诗、写记叙文等，学生可以提高自己的文字组织能力和表达能力。

（四）发挥古诗文在培养学生人文素养方面的作用

古诗文是中华民族传统文化的重要组成部分，在新课标下的小学古诗文教学课程设计中，应该发挥古诗文在培养学生人文素养方面的作用。首先，可以通过学习古诗文，让学生对中国传统文化有更深入的了解和认识。教师可以通过讲解古诗文的背景和作者的生平与思想，让学生了解古诗文创作的社会环境和时代背景，从而使学生对中国传统文化有更全面、更深入的认识。

同时，教师还可以引导学生对古诗文进行历史背景知识的探究。比如可以组织学生进行文学作品与历史事件的对照研究，了解古诗文与历史的关联，拓宽学生的视野，提高他们的综合素质。

除此之外，可以通过与其他学科的融合来增加古诗文教学的深度和广度。比如，可以结合历史、地理、美术等学科的内容，让学生更好地理解古诗文的背景和内涵，加深对中国传统文化的认知。

通过上述方法进行新课标下小学古诗文教学课程设计，能够培养学生的审美情趣和表达能力、思维能力和创新精神，提高学生的语言表达能力和文字运用能力，发挥古诗文在培养学生人文素养方面的作用。这样的设计将有助于学生的全面发展，提高他们的文化修养和综合素养。

二、古诗文教学课程设计的内容与结构

（一）选取适合学生年龄和能力的古诗文作品

针对学生的年龄和能力水平，选择适合他们学习和理解的古诗文作品是非常重要的。所以教师在选择作品时，应着重考虑以下因素：

1. 年龄特点

不同年龄段的学生对古诗文的理解能力和表达能力有所不同。对于小学生来说，可以选择一些简单明了、意境清晰的古诗文作品，如李白的《静夜思》等。

2. 语言难度

古代文学作品的语言与现代汉语有所差异，对学生的阅读和理解能力提出了一定的挑战。因此，在选取古诗文作品时，应根据学生的语文水平来确定语言难度，避免选择过于晦涩或过于复杂的作品，以致阻碍了学生对古诗文的学习兴趣和对诗文的理解。

3. 主题内容

应选择具有吸引力和启发性的主题内容的古诗文作品，选择一些与学生生活经验相关、展现美好情感的作品，如白居易的《赋得古原草送别》等，这样能够更好地引发学生的学习兴趣和进行积极的思考。

4. 文化背景

选择与学生学习内容相关的古诗文作品，能够帮助学生更好地理解教材知识，拓宽他们的文化视野。比如，在学习唐朝历史时，可以选择一些与唐代文学密切相关的作品，如王之涣的《登鹳雀楼》等。

通过以上的选择准则，教师可以根据学生的年龄、语文水平、学习内容和文化背景等因素，有针对性地选取适合学生学习的古诗文作品，以促进学生对古代文学的理解和欣赏。

（二）设计多样化的教学活动

为了激发学生对古诗文的兴趣和积极性，教师应设计多样化的教学活动，使学生能够全方位地参与到学习过程中，培养他们的主动性和创造性。以下是一些可行的教学活动：

1. 诵读比赛

组织学生进行古诗文的诵读比赛，让学生从声音、语调等方面感受作品的节奏和美感，提高他们的语言表达能力和演讲能力。

2. 赏析研讨

教师可以引领学生一起阅读和分析古诗文作品，讨论作品的意境、主题思想等，鼓励学生表达自己的观点和感受，培养他们的批判性思维和合作交流能力。

3. 创作扩展

鼓励学生根据所学的古诗文作品进行创作扩展，如编写续篇、改编成歌曲、绘制插图等，通过这些方式发展学生的创造力和艺术表现力。

4. 实地体验

组织学生到与古诗文相关的地点进行实地考察，如到山水名胜区欣赏诗人所吟咏的景色，到古代文化遗址考察与古诗文相关的历史背景等，以丰富学生的阅历和体验。

5. 古诗文分享会

学生可以选择自己喜欢的古诗文作品进行分享，并向其他同学讲解作品的背景和内涵，展示自己对古诗文的理解与欣赏。

通过设计多样化的教学活动，可以激发学生的学习兴趣和参与度，提高他们的学习效果和学习成就感。

（三）注重知识与能力的结合

在进行古诗文扩展教学时，教师不仅要注重教授古诗文的知识，还要注重培养学生的语言表达能力、批判性思维能力等各方面的能力。以下是几个注重知识与能力结合的教学方法：

1. 语言表达能力的训练

鼓励学生进行古诗文的背诵和朗读，培养他们对语音语调的把握能力和声情并茂的表达能力。同时，教师可以组织一些写作活动，让学生通过模仿古人的语言风格和修辞手法，提高他们的写作水平和语言表达能力。

2. 批判性思维能力的培养

引导学生对古诗文进行深入研究和思考，培养他们的批判性思维能力。可以引导学生分析作品的结构、意象、主题等，解读作品蕴含的文化内涵和价值观，并指导他们对作品进行评价和批判性思考。

3. 创造性思维能力的拓展

通过引导学生进行创作，培养他们的创造性思维能力。可以鼓励学生根据古诗文的启示和感悟进行创作，让他们发挥想象力和创造力，创作出自己的作品，并进行展示和交流。

通过知识与能力的结合，教师可以帮助学生在古诗文学习中增加知识的积累，提升运用的能力。

（四）重视与其他学科的融合

古诗文的学习与其他学科的融合，既能丰富学生的学科知识，也能增强他们对古诗文的理解能力。以下是一些与其他学科的融合方式：

1. 语文与历史的融合

通过选取与历史事件相关的古诗文作品，帮助学生了解作品的历史背景和文化内涵。同时，学生在学习历史知识时，也可以借助古诗文的描写和情感抒发，深入感受历史人物的情感和思想。

2. 语文与美术的融合

在学习古诗文的同时，可以引导学生进行绘画和手工制作等艺术活动，通过视觉形象的表达来理解和欣赏古诗文。学生可以根据作品的意境和主题进行创作，通过作品表达自己的想法。

3. 语文与音乐的融合

教师可以通过选取与音乐有关的古诗文作品，鼓励学生将其改编成歌曲或唱诵，培养学生的音乐素养和表演能力。让学生通过音乐的旋律和情感来感受古诗文的内涵和美感。

通过与其他学科的融合，教师可以拓宽学生对古诗文的理解和认知，提高他们对古诗文的兴趣和欣赏能力。

（五）设计多层次的评估方式

在进行古诗文的扩展教学时，设计多层次的评估方式是很有必要的，因为只有这样，才能够更真实地反映学生的学习情况和能力水平。以下是评估方式设计的一些建议：

1. 口头表达和演讲评估

要求学生口头表达对古诗文的意义的理解和感悟，这是对学生的语言表达能力、思维逻辑和演讲技巧等方面进行评估。

2. 书面作业评估

布置与古诗文内容相关的一些作文题目，要求学生通过写作来展示对作品的理解和评价。这是评估学生的写作能力、语言表达能力和思维深度等方面的能力。

3. 小组讨论和合作评估

组织学生进行小组讨论和合作活动，鼓励他们彼此交流、分享观点和合作完成任务。这是评估学生在讨论中展示其思考能力、合作精神以及对课堂知识的运用能力。

4. 展示和演出评估

要求学生进行古诗文的朗诵、表演、绘画等形式的展示，评估学生的艺术表现力、创造性和领悟力。

通过多层次的评估方式，教师可以全面了解学生的学习情况和能力水平，为开展进一步的教学提供有效的反馈和指导。

通过以上措施和建议的落实，教师可以更好地开展优秀古诗文作品和经典文章的扩展教学，促进学生对古代文学作品的理解和欣赏，培养他们的语言表达能力、批判思维能力和创造性思维能力，提高他们的跨学科能力和综合素质。同时，教师还应不断提升自己的专业水平和教学能力，不断更新教学资源和教学方法，以更好地满足学生的需求和提升教学效果。

三、根据学生特点设计个性化的古诗文教学课程

（一）了解学生的学习需求

为了更好地设计个性化的古诗文教学课程，我们可以通过多种方式了解学生的学习需求。首先，可以使用调查问卷的方式，让学生表达他们对古诗文的兴趣和学习需求，例如他们感兴趣的题材、喜欢的作者等。此外，教师还可以进行观察，通过观察学生在学习过程中的表现和反应，了解他们的学习偏好和需要改进的方面。

通过调查问卷，我们可以设计一些开放性问题，让学生自由发表意见，同时也可以设置一些选择题，帮助学生更具体地表达自己的需求。通过观察学生在课堂上的表现，还可以了解到他们的学习状态和学习能力，比如是否能够积极参与讨论、是否能够独立完成作业等。通过这些方式，我们可以全面了解学生的学习需求，为他们量身定制个性化的教学课程。

（二）根据学生的学习能力和特长进行分层教学

学生的学习能力和特长各不相同，因此，我们可以根据不同学生的学习能力和特长进行分层，在此基础上开展分层教学。分层教学的目的是让每个学生都能够找到适合自己的学习方案，从而提高其学习积极性和学习效果。

在进行分层教学时，教师也可以根据学生不同的学习水平将他们分成不同的小组。在每个小组中，可以设置相应的教学目标和教学内容。对于学习能力较高的学生，可以设置一些富有挑战性的任务，激发他们的学习兴趣和求知欲；对于学习能力较低的学生，则可以提供较为简单和易于理解的教学材料，帮助他们逐步提升学习能力。

此外，还可以根据学生的不同特长进行分层教学。例如，对于语言表达较为敏感的学生，可以在教学中加强他们对诗歌的理解和赏析；对于那些有音乐天赋的学生，则可以通过音乐与诗歌相结合的方式进行教学等。通过这种分层教学的方式，可以更好地满足学生的学习需求，帮助他们取得更好的学习成绩。

（三）提供多样化的学习资源和教学材料

为了丰富学生的古诗文学习经验，教师可以为他们提供多样化的学习资源和

教学材料。这包括但不限于图书、音像资料和网络资源等。

首先，可以为学生提供丰富的图书资源。如选择一些经典的古诗文选集，让学生通过阅读来增加对古诗文的了解和认知。同时，还可以选择一些近年来出版的适合学生阅读的古诗文读物，以提升他们的兴趣。

其次，音像资料也是学生学习古诗文的重要资源。可以准备一些音频或视频资料，让学生通过听或看来感受古诗文的韵味和美感。比如，可以选择一些优秀的朗诵录音或演唱视频，让学生从中体会到古诗文的声音之美。

最后，网络资源也是学生学习的重要渠道。可以为学生提供一些优质的古诗文学习网站或应用程序，从而让他们可以随时随地进行学习。这些网站或应用程序可以提供古诗文的原文和注释，同时还可以提供一些学习辅助工具，比如练习题、课后答疑等，帮助学生更好地掌握古诗文知识。

可见，通过提供多样化的学习资源和教学材料，可以满足不同学生的学习需求，激发他们的学习兴趣，提高他们的学习效果。

（四）注重培养学生的自主学习能力

在古诗文教学过程中，培养学生的自主学习能力是非常重要的。通过培养学生的自主学习能力，可以让他们在学习过程中更加积极主动，培养他们的创新精神和批判思维能力。

首先，我们可以通过引导学生进行思考来培养他们的自主学习能力。在课堂上可以提出一些开放性的问题，让学生思考和讨论，激发他们的思维和创造力。同时，还可以鼓励学生在课后或自习时间进行自主学习，帮助他们更好地理解和消化所学内容。

其次，可以组织学生进行小组合作学习和项目研究等活动，培养他们的合作能力和解决问题的能力。通过小组合作学习，学生可以相互交流和分享学习心得，共同解决问题；通过项目研究活动，学生可以选择自己感兴趣的古诗文题材进行深入研究，培养他们的主动学习能力和探索精神。

最后，还可以鼓励学生进行创作和表演等活动。例如，可以组织学生进行古诗文创作比赛，让他们通过创作来展现自己的想法和表达能力；也可以组织学生进行古诗文朗诵或舞台剧表演，让他们通过表演来深入理解与感受古诗文的特点。

通过上述方式，我们可以培养学生的自主学习能力和创新精神，激发他们对古诗文学习的热情和兴趣。同时，也可以帮助他们在学习中全面发展自身的能力，为未来的学习和生活打下坚实的基础。

四、评估的重要性与方法

（一）定期进行教学评估

为了了解古诗文教学的效果和学生的学习情况，我们应该定期进行教学评估。而评估可以通过多种方式进行，例如考试、观察、访谈等。

首先，可以通过考试来评估学生对古诗文知识的掌握程度。考试的形式包括选择题、填空题、阅读题等不同类型的题目，以全面评估学生的学习成果。同时，还可以设置一些开放性的问题，让学生自由发挥，以此了解他们对古诗文内容的理解和自己的思考。

其次，观察也是一种有效的评估方式。在课堂上，我们可以观察学生的学习态度和参与度，了解他们是否积极主动地参与讨论和提问。同时，还可以观察学生的作业完成情况和课后复习的情况，从而对学生的学习情况进行综合评估。

最后，访谈可以帮助我们更深入地了解学生的学习情况。可以与学生进行一对一的访谈，询问他们对古诗文教学的感受和意见，了解他们在学习过程中遇到的困难和问题等。通过访谈，我们可以更加准确地把握学生学习的需求，及时调整和改进教学内容和方法。

通过定期进行教学评估，我们可以及时了解学生的学习情况和效果，为古诗文教学提供有针对性的改进措施，提高教学质量和学生的学习效果。

（二）倾听学生的反馈和建议

学生的反馈和建议是改进古诗文教学的重要依据。因此，我们应该充分倾听学生的声音，关注他们对古诗文教学的反馈和建议。

首先，可以设立反馈渠道，鼓励学生直接表达自己的观点和意见，也可以定期组织班会或座谈会，让学生有机会提出问题、分享经验，并听取他们对古诗文教学的建议。同时，还可以设置匿名反馈箱，给学生提供一个私密的反馈渠道，这样能够让他们更自由地表达自己的想法。

其次，对于学生的反馈和建议，我们应该认真对待，及时进行回应和改进。比如可以根据学生的反馈，调整教学内容和方法，以更好地满足他们的学习需求。同时，也要向学生解释提出这些改进措施的原因和意义，增强他们对教学工作的参与感和认同感。

通过倾听学生的反馈和建议，我们就可以了解到学生的真实需求，及时修正和改进教学策略，提高教学效果和学生的学习满意度。

（三）与专家进行交流和研讨

与古诗文教学领域的专家进行交流和研讨，是提高教学质量的重要途径之一。通过与专家的交流和研讨，我们可以了解最新的教学理念和方法，及时更新和改进教学课程设计。

首先，可以参加古诗文教学的专业研讨会议和学术讲座，听取专家的报告和经验分享。参加这些研讨会议和讲座，可以为我们提供宝贵的教学资源和教学改进的思路，为我们古诗文教学提供有益的启示。

其次，可以结交一些古诗文教学领域的专家，建立合作关系。可以通过邮件、电话或线下会面等方式与专家进行沟通，与他们分享自己的教学经验和困惑，向他们请教问题和寻求建议。通过与专家的交流，可以获取更深入的教学指导，提高自身的教学水平。

通过与专家的交流和研讨，我们可以不断更新教学理念和方法，对古诗文教学进行优化和改进，提高学生的教学满意度和学习质量。

（四）不断学习和提升自身专业素养

作为古诗文教学的设计者，我们应该不断学习和提升自身的专业素养，以更好地支持古诗文教学的设计和实施。

首先，我们应该密切关注古诗文教学领域的最新研究成果和教学资源。可以阅读相关的教育期刊、专业书籍、学术论文等，了解最新的研究动态和教学方法，及时将其运用到古诗文教学中。

其次，可以参加一些教师进修培训班或研修会，从而提升自身的教学能力和专业素养。这些培训班和研修会可以提供系统的学习和交流平台，让我们与其他优秀教师分享和交流教学经验和教学方法，拓宽自己的教学视野和思路。

此外，还可以积极参与教育教学研究项目或课题，深入探索古诗文教学的前沿问题和挑战。通过开展研究工作，还可以提升自己的研究能力和创新能力，为古诗文教学提供更多有价值的理论支持和实践经验。

通过不断学习和提升自身专业素养，可以保持教学的活力和创新性，提高古诗文教学的质量和效果。

（五）与其他教师进行教学交流和合作

与其他教师进行教学交流和合作，是提高古诗文教学质量的有效途径之一。

首先，可以组织教研活动，邀请其他教师一起讨论和分享教学经验。可以与其他教师进行面对面的交流，也可以利用线上平台进行互动和讨论。在教研活动中，可以分享自己的教学案例，也可以了解其他教师的教学方法和策略，共同探讨和解决教学难题。

其次，可以建立教学合作小组，共同设计和开发古诗文教学资源。比如可以将各自的教学素材和经验进行整合和分享，从而为学生提供更丰富、更多样化的教学内容。同时，还可以相互观摩课堂教学，相互借鉴和学习，进一步提高自身的教学能力。

通过与其他教师进行教学交流和合作，我们可以汲取其中的教学智慧和经验，从而拓宽自己的教学思路和方法，提高古诗文教学的质量和效果。同时，这种合作不仅有助于个人的成长，也有助于整个教育系统的进步和发展。

第二节　引入优秀古诗文作品和经典文章进行扩展教学

一、引入优秀古诗文作品的意义与价值

（一）丰富学生的文化素养

优秀的古诗文作品代表了中国古代文学的顶峰成就，其中蕴含了深厚的历史、人文和艺术内涵。通过引入优秀古诗文作品，可以拓宽学生的文化视野，培养他们对传统文化的理解和欣赏能力。通过研读这些作品，学生可以感受到中华民族的文化底蕴和智慧。

在教学过程中，教师可以通过讲解诗歌的历史背景、文化内涵以及作者的创作意图等，引导学生逐步深入了解作品所反映的社会背景和文化特征。同时，通过对古代文学艺术形式的介绍和解读，还可以帮助学生理解古代文学的独特之处，培养他们对传统文化的热爱。

此外，教师还可以引导学生进行与古诗文相关的文化活动，如参观文学陈列馆、举办古诗文朗诵会、组织讲座和展览等，进一步丰富学生的文化体验，加深他们对古代文学的感悟和认知。

（二）激发学生的审美情感

优秀的古诗文作品往往具有精湛的艺术表达和独特的审美风格。通过引导学生欣赏和理解优秀的古诗文作品，可以激发他们的审美情感，并培养他们对美的敏感性和感知力。

在教学中，教师可以通过解读和赏析古诗文作品的形式美、意境美和语言美等，帮助学生深入体验和感受其中的美感。同时，还可以引导学生发现和欣赏作品中所包含的情感、意象和音韵等元素，培养他们对作品的独特理解和感悟力。

为了激发学生的审美情感，教师还可以组织一些与古诗文相关的艺术创作活动，如绘画、书法等，让学生通过艺术的方式去表达对古诗文作品的理解和感受。

（三）促进学生的思辨能力

古诗文作品往往具有深邃的思想和哲理。通过引导学生深入研究和思考这些作品中所蕴含的思想和哲理，可以培养他们的批判性思维和创造性思维能力。

在教学过程中，教师可以引导学生对古诗文进行深入分析和解读，让他们从多个角度去思考其中的意义和价值。还可以通过提问、讨论和辩论等方式，激发学生的思辨能力，促使他们形成自己独立的见解和观点。

（四）提升学生的语言表达能力

古诗文作品在形式和语言上具有自己的特点。通过引入这些作品进行扩展教学，可以帮助学生提升他们的语言表达能力和写作水平。

在教学过程中，教师可以引导学生进行诗歌的背诵，让他们通过模仿和学习优秀的古诗文作品，提高他们的词汇量、语法运用能力和修辞手法。同时，还可以组织一些写作活动，让学生通过写作来展示自己对作品的理解和感悟，培养他们的写作能力和语言表达能力。

为了提升学生的语言表达能力，教师还可以设置一些口语交流环节，并积极鼓励学生参与讨论和演讲等活动，让他们有机会展示自己的语言表达能力和沟通能力。

（五）传承和弘扬中华优秀传统文化

优秀的古诗文作品是中华民族宝贵的文化遗产，通过引入这些作品进行扩展教学，能够更好地传承和弘扬中华优秀传统文化。

在教学中，教师可以向学生介绍古代文人的生平事迹和成就，让学生了解古代文学家的努力和贡献。同时，还可以通过展示和讲解与古诗文相关的文化艺术品，如古代书画、陶瓷等，让学生感受中华传统文化的博大精深。

此外，教师还可以通过组织学生参与一些与古诗文相关的传统文化活动，如诗词比赛、书法展览等，让学生亲身体验和参与其中，从而进一步了解中华传统文化的价值。

通过落实以上措施和建议，教师可以更好地开展优秀古诗文作品的扩展教学，丰富学生的文化素养，激发他们的审美情感，提升他们的思辨能力和语言表达能力，并传承和弘扬中华优秀传统文化。同时，教师还应不断提升自己的专业水平和教学能力，注重不断更新教学资源和方法，以更好地满足学生的需求和提升教学效果。

二、选择适合扩展教学的优秀古诗文作品和经典文章

（一）根据教学目标和学生需求进行选择

在选择优秀古诗文作品和经典文章进行扩展教学时，教师应根据具体的教学目标和学生的需求进行选择。针对不同的目标和需求，选择不同类型、不同风格的作品。

首先，如果教学目标是培养学生的语言表达能力，可以选择一些辞藻华美、富有想象力的古诗文作品。因为这样的作品能够引发学生的审美情趣，促使他们更加注重语言的运用。通过学习和模仿这些作品，可以提高学生的语言表达能力和写作水平。

其次，如果教学目标是引导学生进行思辨和批判性思考，可以选择一些意境深远、反映社会现实的作品。这样的作品往往具有隐喻和象征性的特点，能够激发学生的思考和想象，培养他们的批判性思维和创造性思维能力。通过分析和讨论这些作品，学生可以更好地理解作者的用意和思想内涵。

（二）结合学科知识和教材内容选择

在选择优秀古诗文作品和经典文章进行扩展教学时，教师应结合学科知识和教材内容进行选择。例如，在语文教学中，可以选择一些与教材内容相关的优秀古诗文作品，帮助学生更好地理解和掌握教材中的知识点。通过对比和联想，学生可以将所学知识与实际应用相结合，提高自己的学习效果。

另外，还可以选择一些与其他学科知识相关的古诗文作品，进行跨学科的教学。例如，在历史教学中，可以选择一些与历史事件和人物相关的古诗文作品，帮助学生了解历史背景和文化内涵。通过将文学与历史相结合，学生可以更深入地理解历史事件和人物的背后含义，培养他们的综合素质和跨学科能力。

（三）注重作品的经典性和代表性

在选择优秀古诗文作品和经典文章进行扩展教学时，教师应注重作品的经典性和代表性。因为经典作品往往具有持久的影响力和普遍的认可度，能够代表某

个时期或某个文化的精华。

在选择古诗文作品时，教师可以参考历代文学评论家和文艺理论家的评价，结合历史上对这些作品的认可度和影响力进行选择。例如，在唐诗中，可以选择杜甫、李白等具有代表性的诗人作品；在宋词中，可以选择苏轼、辛弃疾等具有代表性的词人作品，因为这些作品涵盖了各种不同的题材和风格，涉及不同的文化领域和社会层面，能比较全面地体现诗词的主要特点。

教师可以选择不同类型、不同风格的作品进行扩展教学，能够让学生全面了解和体验古代文学的丰富多彩。可以选择一些叙事性的作品，如《黔之驴》《孟母三迁》等，让学生感受到故事情节的曲折和人物形象的生动；也可以选择一些抒情性的作品，如《赋得古原草送别》《春晓》等，让学生沉浸在诗意的世界中。

通过以上选择，能够满足学生对不同类型和风格作品的学习需求，培养他们对古代文学的全面理解和综合欣赏能力。

三、优秀古诗文作品和经典文章的扩展教学策略与方法

（一）背景引入法

在进行古诗文作品和经典文章扩展教学时，可以通过背景引入法来帮助学生了解作品的文化和历史背景。教师可以通过讲解相关的历史事件、文化传统等内容，为学生创设一个适宜的语境，使他们能够更好地理解和欣赏作品中的意境和情感。

背景引入是一种启发性的引导方式，教师通过对作品所处的文化和历史背景进行介绍，为学生展开深入的思考和探索提供了基础。教师可以结合课堂教学实际，选择与作品紧密相联的历史事件、文化传统等内容进行讲解。通过引导学生了解与作品相关的社会背景，可以帮助他们更好地理解作品所表达的情感、主题和意境。

在背景引入的过程中，教师需要根据学生的理解和接受程度，选择适当的内容和方式进行讲解。如可以采用多媒体教学手段，利用图片、音频、视频等辅助材料，提供直观的感知和呈现。同时，还可以利用问题导向的教学方法，让学生积极参与讨论和思考，深入探究作品与社会背景之间的关系。

通过背景引入法，学生能够更加全面地了解作品所处的历史、文化环境，理解作品中所蕴含的情感和思想。这种启发性的引导方式有助于拓宽学生的知识视野，提升文化修养，让他们能够更加主动地去发现、品味和欣赏古诗文作品的魅力。

（二）分析解读法

在进行古诗文作品和经典文章的扩展教学时，可以采用分析解读法来引导学生对作品进行深入研究和思考。教师可以指导学生从语言、形式、意象、主题等方面分析作品，并引导他们探讨作品的内涵和艺术手法。

分析解读是一种深入剖析作品的方法，通过对作品的语言特点、表现形式、艺术结构等方面进行细致分析，帮助学生深入理解作品的艺术魅力和内在意义。教师可以引导学生注意作品的词语运用、句法结构、修辞手法等语言方面的特点，并帮助他们分析这些特点在作品中的表达效果和意义。

同时，还可以引导学生从作品的主题、情感、意象等方面进行分析。比如，教师可以通过提问和讨论，引导学生思考作品所表达的思想、情感和意蕴，并探讨作品所关注的社会问题和人生哲理。通过深入的分析和解读，学生能够更好地理解和欣赏作品，培养他们的批判性思维和思辨能力。

分析解读法要求学生具备一定的文学常识和文本阅读能力，因此在实施过程中，教师需要根据学生的年龄、学科水平和文学素养等方面的差异，选择适合他们的作品和角度进行分析和解读。

通过以上分析解读法的运用，学生不仅能够深入理解古诗文作品的内涵和艺术手法，还能够培养其批判性思维能力和文学鉴赏能力，提高他们对文学作品的审美品位和欣赏水平。

（三）创作演绎法

在对古诗文作品和经典文章进行扩展教学时，教师可以采用创作演绎法来激发学生的创造力和表达能力。比如，可以组织学生进行创作活动，让他们根据作品中的启示和感悟进行创作，并通过朗诵、表演等形式展示自己的作品。通过这样的活动，可以培养学生的想象力和创造力，同时也增强了他们对作品的理解和理解的深度。

创作演绎法鼓励学生主动参与，在活动中能够将古诗文作品中的意象、情感和思想进行创造性的表达和演绎。教师可以向学生提供一些创作的启示和指导，比如给出一个主题或情感，让学生围绕这个主题进行创作。学生可以分组进行创作比赛，或者是在课堂上进行个人创作的展示和分享。

在创作演绎的过程中，可以通过讨论、批评和修改等方式，引导学生深入思考和完善自己的创作作品，提高其质量和表现力。在这个过程中，教师应提供必要的指导和辅导，帮助学生克服创作障碍，发挥其创造力。

通过创作演绎法，学生可以进行自主创作和演绎，从而更深入地理解和体验古诗文作品的情感和意境。这种活动培养了学生的艺术表达能力和创造力，激发了他们对古诗文作品的热爱。

（四）对比研究法

在进行古诗文作品和经典文章的扩展教学时，可以采用对比研究法来帮助学生比较、分析不同作品之间的异同。教师可以选择不同作者、不同时期、不同类型的作品进行对比，引导学生从语言表达、主题思想、艺术形式等方面进行研究和分析。通过对比研究，学生能够更加全面地了解和把握古代文学的发展变化和时代特点。

对比研究是一种综合性的比较分析方法，它能够通过比较不同作品之间的共性和差异，帮助学生深入理解作品的特点和文化内涵。教师也可以选取具有代表性的古诗文作品，结合教学内容和目标，设计相关的对比研究任务。可以组织小组讨论或者展开个人研究，引导学生从不同的角度进行对比分析，并提出自己的观点和感悟。

在对比研究过程中，教师需要引导学生注重细节分析和批判性思考。可以提问学生如何理解不同作品的主题思想、艺术表现形式等问题，并引导他们辨析作品之间的共通性和独特性。通过对比分析，学生能够更加全面地了解古代文学的发展演变和风格特点，培养他们的文学鉴赏能力和批判性思维。

通过对比研究法，学生不仅能够深入理解和把握古诗文作品的内涵和艺术特点，还能够培养他们的比较分析能力和批判性思维能力，提高他们的文学素养和综合能力。

(五)实践应用法

在进行古诗文作品和经典文章的扩展教学时,教师可以采用实践应用法来帮助学生将所学知识运用到实际生活中。比如设计一些与作品相关的实践活动,如写信、写作、绘画、创作等,让学生将作品的内容和意义与现实生活结合起来。通过这种实践应用,学生能够更加深入地理解和掌握作品的内涵,并将所学知识运用到实际中去。

实践应用法注重学生的主动参与和实际操作,让学生通过实际的体验和创造,加深其对古诗文作品的理解和感悟。比如,教师可以设计一些与作品相关的任务或项目,让学生进行实际操作和创作。例如:可以组织学生根据作品内容写一封信件,表达自己的情感和思考;可以引导学生根据作品创作一幅画作,表现其中的意境和形象;还可以组织学生进行文学创作,以作品为灵感,展开个人或小组的写作活动。

在实践应用的过程中,教师可以提供指导和反馈,帮助学生完善自己的实践作品。可以组织展示和分享的活动,让学生互相欣赏和评价彼此的作品。同时,也可以通过展示和分享的方式,让学生了解到不同的观点和表达方式,促进思想和文化的交流。

通过实践应用法,学生能够将所学知识与实际生活相结合,提升对作品的理解和应用能力。这种教学方式培养了学生的实践能力和创造力,能够让他们更加深入地理解和把握古诗文作品的内涵和意义。

四、优秀古诗文作品和经典文章扩展教学的实施与效果评价

(一)创设良好的学习环境和氛围

为了进行优秀古诗文作品和经典文章的扩展教学,教师应创设良好的学习环境和氛围。首先,教室布置应温馨舒适,让学生感到轻松愉悦;其次,教师要以身作则,展示对文学的热爱和崇尚;最后,要鼓励学生彼此尊重、互助合作,营造一个积极向上、友善互动的学习氛围。

教师可以提供丰富多样的学习资源和材料,如经典文集、音频视频资料、文学评论等,使学生能够获取更广泛的文学信息。同时,教师还可以组织与古诗文

内容相关的专题活动，如讲座、展览等，为学生提供更全面的文学体验。通过这些措施，可以激发学生的兴趣和动力，增强他们对古诗文的研究和欣赏的积极性。

（二）设计有效的教学活动和任务

在进行优秀古诗文作品和经典文章的扩展教学时，教师应设计有效的教学活动和任务，以提高学生的学习效果和兴趣。例如，可以进行文学作品赏析讨论，让学生积极参与其中，分享自己对作品的理解和感悟；还可以安排小组合作学习，让学生在小组内进行文学主题研究和展示，培养他们的团队合作精神和能力。

此外，教师可以设计一些开放性的问题和任务，引导学生进行深入思考和研究，培养他们的批判性思维和创造性思维能力。例如，可以就某个文学题材或作品进行辩论，让学生从不同的角度去思考和表达自己的观点。通过这些措施，可以提高学生对古诗文的理解和分析能力，培养他们的独立思考能力和创新意识。

（三）及时评价和反馈学生表现

在进行优秀古诗文作品和经典文章的扩展教学时，教师应及时评价和反馈学生的表现。教师可以通过口头或书面的方式，对学生的参与度、思考深度、语言表达等进行评价，并提出具体的改进建议，激励学生持续进步。

此外，教师还可以鼓励学生互相评价和交流，促进学生之间的学习互动和成长。例如，可以组织学生进行作品分享会，让他们互相欣赏和评价彼此的作品，从中获得更深入的思考和进步的机会。

通过及时评价和反馈，教师可以了解学生的学习情况和需求，并对教学进行及时调整，提高教学效果。

（四）定期进行学习效果的评估

为了评估学生在优秀古诗文作品和经典文章扩展教学中的学习效果，教师应定期进行评估。评估可以通过测试、作业、小组讨论、展示等形式来进行。

教师可以设计针对学生理解和运用文学知识的能力的测试题目，测试他们对诗歌的解读和鉴赏、对经典文章的分析和评价等方面的掌握程度。同时，教师还可以观察学生所学知识在实际生活中的运用情况，了解他们对文学知识的应用能力和创造力。

根据评估结果，教师可以及时调整教学策略和方法，提高教学效果。同时，评估的结果也可以作为学生和家长了解学习情况的依据，促使学生有针对性地进行学习调整，促进学习效果的提升。

通过以上的措施和建议的落实，教师可以更好地开展优秀古诗文作品和经典文章的扩展教学，通过创设良好的学习环境和氛围，设计有效的教学活动和任务，并定期进行学习效果的评估，及时评价和反馈学生表现。这将有助于激发学生对文学的兴趣和热爱，提高他们对古诗文作品和经典文章的理解和欣赏能力，培养他们的思维能力和创造力，促进他们全面发展。在此过程中，教师应注重个性化教学，关注学生的差异性和特长，积极引导他们发挥自己的潜能和能力。

五、培养学生阅读能力的措施与建议

（一）形成良好的阅读习惯

学生应该养成良好的阅读习惯，这包括每天坚持一定量的阅读。教师可以引导学生选择适合自己的阅读材料，并鼓励他们写阅读笔记和读后感。学生通过长期的积累和反思，就能够提高阅读的效率和品质，培养对阅读的兴趣和热爱。

首先，学生可以选择自己感兴趣的书籍或主题进行阅读，这样能更容易产生阅读的动力和愉悦感。同时，学生还应注意培养规律的阅读时间，例如每天晚上读半小时，或者每周末读一本书等。通过持续的阅读，让学生逐渐养成并保持良好的阅读习惯。

其次，学生可以尝试记录阅读笔记和读后感。在阅读过程中，学生可以用笔标记重要的段落、关键词和自己的思考，帮助加深记忆和理解。读后感可以是对作品的评价、思考或情感的共鸣等，这样标记有助于学生整理思绪、深化理解，并且能够促使他们更深入地思考文本中的信息和意义。

（二）拓宽阅读视野

学生应该通过涉猎不同类型和领域的作品，拓宽阅读的视野。教师可以引导学生阅读一些优秀的古代文学作品、现当代文学作品、科普读物、历史传记等，帮助他们了解不同领域的知识和文化，培养他们的思考能力和理解能力。

通过阅读不同类型和领域的作品，学生可以获得更广泛的知识和视野。例如，阅读古代文学作品可以让学生领略古代文化的魅力，了解历史背景和人物形象；

阅读现当代文学作品可以让学生更好地理解当代社会与个体的关系；阅读科普读物可以让学生探索科学的奥秘及其应用；阅读历史传记可以让学生了解伟人的思想和成就。通过这样多元化的阅读，学生不仅能够开拓视野，还能够培养其批判性思维能力。

（三）注重阅读技巧的训练

学生应注重阅读技巧的训练，如快速阅读、扫读、精读等，这样可以提高阅读的效率和理解能力。在这个过程中，教师应为学生教授一定的阅读技巧和方法，帮助他们更好地把握文章的中心思想和重点内容。同时，教师还应帮助学生提高词汇量，同时还应让学生掌握一些常用的修辞手法和表达方式。

快速阅读是一种快速浏览文本的技巧，可以帮助学生迅速获取整体了解；扫读则是通过有目的的浏览文本来找寻特定信息；精读则是对文本进行深入理解和分析的过程。教师可以教导学生根据需要选择不同的阅读方法，并为此进行针对性的训练。同时，还应让学生注重积累词汇和表达技巧，这样才能够更好地理解和运用文本中的语言。

（四）培养批判性阅读能力

学生应培养批判性阅读能力，对所读内容进行深入思考和分析。批判性阅读是指对文本进行评价、分析和反思的能力，能够发现文本中的深层含义和隐含信息。

教师可以引导学生从不同的角度和层面分析作品，如主题、情感、意象等要素。学生可以从作者的角度思考作品的用意和目的，也可以从自己的经验和生活背景出发进行思考和辨析。同时，学生还应学会评价和批判作品的优缺点，培养自己的独立思考能力和审美能力。

通过批判性阅读训练，能够培养学生的思考和判断能力，提升阅读的深度和广度。批判性阅读不仅有助于学生更好地理解文本，还能够培养他们对不同观点和价值的理解及分析能力。

（五）创造阅读的机会和环境

教师应创造丰富多样的阅读机会和环境，激发学生的阅读兴趣和动力。教师可以组织阅读俱乐部、倡导家庭阅读活动、举办读书节等，为学生提供一个良好的阅读氛围和互动交流的平台。同时，教师还可以利用信息技术手段，引导学生进行网络阅读和自主阅读，让他们能够随时随地享受阅读的乐趣和益处。

创造阅读机会和环境可以增加学生的阅读时间。阅读俱乐部可以组织学生进行团体阅读，分享阅读心得和体验；家庭阅读活动可以鼓励学生与家人一起阅读，这样可以增进亲子关系和阅读氛围；读书节可以为学生提供展示阅读成果和交流的平台。利用信息技术进行网络阅读，学生可以方便地获取各种优秀作品和阅读资源，同时也可以参与在线阅读社区和讨论。

通过以上各种方法和措施，学生能够全面提升阅读能力和素养。学生不仅能够培养良好的阅读习惯，还能够拓宽阅读视野、提高阅读技巧、培养批判性阅读能力，并享受阅读带来的乐趣和益处。

第五章　优化新课标下小学古诗文教学资源建设

第一节　多样化的教学资源的开发与利用

一、构建数字化古诗文教学资源库

（一）建立古诗文数据库

构建数字化古诗文教学资源库的第一步是建立一个全面、系统的古诗文数据库。这个数据库应该涵盖各个历史时期的古代文学作品，包括不同类型的古诗、古文、古乐曲等。在建立数据库的过程中，应注重对古诗文的整理、分类和标注，方便教师和学生进行检索和学习。

建立古诗文数据库需要进行以下工作：

1. 收集古代文学作品

通过研究、调查和搜集，从不同的古代文献中收集各个历史时期的古诗文作品，包括宋词、唐诗、元曲等。

2. 整理与校对

对收集到的古诗文应进行整理与校对工作，针对存在疑问或错误的地方进行详细核对，修复并进行标记。确保文本的准确和完整。

3. 分类与归档

对古诗文作品进行分类和归档，按照不同的时期、类型、作者等进行分类，确保资源库的结构清晰有序，方便学生和教师进行查找和使用。

4. 标注与解读

对古诗文的内容进行标注和解读，包括对生僻字词的解释、句子结构的分析、修辞手法的解读等，这将有助于学生理解古诗文的语言特点和艺术魅力。

（二）实现古诗文的数字化存储与展示

为了方便教师和学生的使用，需要将古诗文作品进行数字化存储与展示，具体步骤包括：

1. 扫描与录入

将纸质古诗文作品进行扫描，转换为电子文档。同时，通过人工或自动化方式进行录入，将古诗文作品转换为可编辑和检索的文字形式。

2. 校对与编辑

对扫描和录入的古诗文进行校对和编辑，确保文本准确无误。同时，根据需要对文本进行排版和格式化处理，使其更加美观和易读。

3. 多媒体展示

利用先进的信息技术手段，将古诗文作品以多种形式进行展示，如文字、图片、音频和视频等。这样可以丰富古诗文的呈现方式，提供给教师和学生更灵活选择和使用的资源。

（三）开发古诗文学习工具

在数字化古诗文教学资源库中，应开发一些专门的学习工具，帮助学生更好地理解和掌握古诗文。

1. 汉字拼音注释

对古诗文中的生僻字词进行拼音注释，方便学生正确阅读和理解古代文学作品。

2. 诗句翻译

对古诗文中的诗句进行翻译，帮助学生理解古代文学作品的意义和内涵。

3. 古代诗词赏析

通过解析古代诗词中的意象、修辞手法和情感表达等要素，帮助学生更深入地欣赏和理解古代文学作品。

这些学习工具可以在数字化古诗文教学资源库中提供，它们能够帮助学生克服阅读障碍，提高对古诗文的兴趣和理解程度。

（四）建立古诗文教学资源共享平台

为了促进教师之间的资源共享和交流，应建立一个古诗文教学资源共享平台，以便教师能够分享自己制作的教学课件、教案、学习资料等。这个平台应具备以下功能：

1. 上传与下载功能

教师可以将自己制作的教学资源上传至平台，供其他教师下载和使用。同时，教师也可以从平台上下载其他教师分享的教学资源。

2. 评论与评分功能

教师和学生可以对平台上的教学资源进行评论和评分，以便其他用户了解其质量和适用性。

3. 分享与推荐功能

教师可以将平台上的优秀教学资源分享到社交媒体和教育论坛上，从而提高这些资源的知名度和影响力。

通过建立古诗文教学资源共享平台，可以促进教师之间的合作与交流，丰富教学资源，提高古诗文教学的质量和效果。

（五）推动数字化古诗文教学资源的应用与推广

为了让更多的学校和教师能够充分利用数字化古诗文教学资源库，需要进行相关培训和推广工作。

1. 教师培训班

组织古诗文教学教师培训班，培养教师运用数字化古诗文教学资源的能力，提高他们的教学水平和专业素养。

2. 教学研讨会

组织古诗文教学研讨会，邀请专家学者和有经验的教师进行分享和交流，推广数字化古诗文教学资源的应用和效果。

3. 学生培训活动

组织学生培训活动，教导学生如何使用数字化古诗文教学资源，培养他们的自主学习能力和信息素养。

4. 网络宣传与推广

利用社交媒体、教育平台等渠道进行网络宣传和推广，向广大教师和学生介绍数字化古诗文教学资源库的优势和使用方法。

通过以上推动措施，可以提高数字化古诗文教学资源的使用率和影响力，推动数字化古诗文教育的发展，为广大教师和学生提供更丰富、便捷的学习资源和工具。

二、开发多媒体教学资源，提升教学效果

（一）制作教学课件

利用多媒体技术制作教学课件，可以帮助教师更好地呈现复杂的知识点，提高学生的理解和记忆能力。教学课件应该具备清晰的逻辑结构和严谨的内容，只有这样，才能帮助学生系统地学习和掌握知识。

在制作教学课件的过程中，教师首先需要明确教学目标，确定要传达的核心知识点，其次根据学生的学习特点和需求设计相应的教学策略。具体而言，教师可以采用图文、音频、视频等多种形式来呈现教学内容，以满足不同学生的学习方式和学习需求。在制作过程中，教师应该注意运用简洁明了的表达，注重突出关键信息，避免内容冗杂和混乱。

同时，教师还可以利用教学课件来激发学生的兴趣和参与度。可以设计多种题型，如选择题、填空题、案例分析等，让学生积极参与到课堂中来，并通过答题、讨论等方式检验学生对知识的掌握程度。此外，教师在制作教学课件时，还可以加入一些生动有趣的实例和案例，以增加学生的兴趣和记忆效果。

（二）录制教学视频

录制教学视频是一种便捷有效的教学方式，可以将教师的授课过程完整地记录下来，为学生提供反复观看的机会，进一步巩固知识点和提高学习效果。

在录制教学视频的过程中，教师首先需要准备好相应的教学内容和讲稿，并确定好录制的形式和风格。然后，教师可以选择合适的录制设备，如摄像机、麦克风等，保证视频的画面质量和声音清晰。在录制过程中，教师可以通过示范操作、实验演示等方式展示知识点，让学生更加直观地理解和掌握古诗文。同时，

教师还可以运用一些教学辅助工具，如PPT、实物模型等，增强视频的可视性和趣味性。

在录制结束后，教师可以对视频进行剪辑和编辑，去除多余的部分，使视频更加紧凑和易于理解。此外，教师还可以在视频中添加一些字幕、注解等说明文字，以帮助学生更好地理解和记忆。

（三）设计互动式教学游戏

互动式教学游戏是一种有趣的教学方式，可以激发学生的学习兴趣和积极性，提高他们的学习效果和参与度。

在设计互动式教学游戏的过程中，教师首先需要明确教学目标，并结合教学内容和学生的特点设计相应的游戏形式和规则。可以选择一些与古诗文相关的游戏题材，如填词游戏、配对游戏、创作游戏等，通过游戏的方式让学生参与到知识的学习和应用中来。

在游戏设计过程中，教师可以设置一些具有挑战性的任务和关卡，让学生通过合作竞争等方式来解决问题，从而达成目标。同时，教师还可以设立奖励机制，如积分制、排行榜等，激励学生积极参与并取得好成绩。

为了确保游戏的教育性和有效性，教师需要合理安排游戏的难度和挑战性，使其与教学目标相匹配，并在游戏结束后要及时给予学生反馈和指导。此外，教师还可以结合教学内容设置一些答题技巧和思考方法，引导学生在游戏中进行思维的拓展和应用。

（四）利用网络资源

互联网是一个资源宝库，因此教师可以利用网络资源丰富的特点来拓展课堂教学内容，为学生提供更多样化的学习资源和学习机会。

比如教师可以通过搜索引擎、教育平台等途径，利用网络资源寻找与教学主题相关的教育视频、在线课程、电子图书等资料开展教学。因为这些资源可以帮助教师解释和阐述抽象难懂的知识点，提供实例和案例分析，增强学生对知识的理解和应用能力。

在利用网络资源时，教师需要有选择地挑选质量好、教学有效的资源，避免盲目使用和依赖网络资源。此外，教师还可以根据学生的学习需求设计一些在线学习任务，如阅读文章、观看视频、参与讨论等，引导学生主动参与到学习中来。

同时，教师还可以通过建立个人教育博客、微信公众号等方式，分享自己的教学心得和体会，与其他教师进行交流和合作，共同提高教育教学水平。

三、设计互动式教学资源，激发学生的学习兴趣

（一）设计启发式问题

在教学过程中，教师可以设计一些启发式问题，引导学生主动思考和探索。这些问题可能涉及古诗文的主题、意境、修辞手法等方面，通过与学生的互动讨论，激发他们对古诗文的深入理解和思考能力。

具体的启发式问题设计可以包括：

问题一：古诗中常使用的意象有哪些？这些意象通常代表什么含义？

问题二：这首古诗的主题是什么？诗人是通过哪些言语和情感表达方式来描绘主题的？

问题三：该古诗的修辞手法有哪些？这些修辞手法对诗歌的表达产生了什么样的效果？

问题四：这首古诗的意境是怎样的？你在阅读过程中产生了什么样的感受？

问题五：该古诗与现实生活有哪些关联？你觉得它对现代人来说还有何种启示？

通过设计这些启发式问题，学生不仅可以加深对古诗文的理解，还能够培养他们的批判性思维能力和创造性思维能力。

（二）组织小组合作学习

将学生分成小组，进行合作学习，可以促进学生之间的交流和合作，并培养他们的团队合作精神。在小组学习的过程中，可以设计一些任务和项目，如合作创作古诗、演绎古代文学作品等，让学生在互动中提升学习兴趣和能力。

具体的小组学习活动可以包括：

1. 小组合作创作古诗

让每个小组成员负责创作一段古诗，然后将不同成员创作的各段古诗组合成

一首完整的作品，通过合作完成的方式，创作一首富有创意的古诗。

2. 古代文学作品演绎

选择一部古代文学作品，将故事情节分配给小组成员，让他们分别扮演相应的角色，通过合作表演还原古代文学作品的情节和人物形象。

3. 古诗文解读研究小组

让每个小组选择一首古诗文，先进行深入的解读和研究，然后组织小组成员分享研究成果，促进彼此之间的学习与交流。

通过小组合作学习，学生能够在合作中相互借鉴、切磋，提高团队协作和沟通能力，同时也深化对古诗文的理解和感受。

（三）开展角色扮演活动

通过角色扮演活动，让学生身临其境地感受古代文学作品的情境和氛围。可以让学生选择一个角色扮演并进行表演，通过模拟古代人物的语言、行为和心理活动，加深对古诗文的理解和体验。

具体的角色扮演活动可以包括：

1. 扮演古代文人

学生可以选择一位古代文人，先了解他的生平和诗作，然后扮演这个角色，通过模仿他的语言和写作风格，将古代文人形象在课堂上加以还原。

2. 古代文学作品情景再现

学生可以选择一段古代文学作品，分组进行再现，通过扮演文学作品中的人物，还原故事情节和情感氛围，从而更加深入地理解和体验古代文学作品的内涵。

3. 古代诗词朗诵比赛

组织学生参与古代诗词朗诵比赛，学生可以选择自己喜欢的古诗文进行朗诵，通过比赛的形式展示他们对古诗文的理解和艺术表现力。

通过角色扮演活动，学生能够更加深入地感受和理解古代文学作品的情节和情感，同时也培养他们的表达能力和创造力。

（四）设计课堂互动环节

在课堂教学中，教师可以设计一些互动环节，如问答、竞赛、思考题等，鼓励学生积极参与课堂活动。通过这些互动环节，学生可以与教师和同学进行互动交流，提高对古诗文的理解和应用能力。

具体的课堂互动环节可以包括：

1. 古诗文问答

教师可以先提出一些关于古诗文的问题，让学生回答。然后可以根据学生的回答情况做进一步的讨论和引导，促进他们对古诗文的深入理解。

2. 古诗文速记竞赛

教师朗读一首古诗文，然后停顿一段时间，让学生尽快写下自己记住的部分。通过比赛的形式，提高学生对古诗文的注意力和记忆能力。

3. 古诗文思考题

教师可以设计一些思考题，启发学生对古诗文进行深入思考和分析。学生可以通过小组讨论或个人写作的方式回答问题，促进他们对古诗文的理解和思考能力。

通过设计以上课堂互动环节，可以增加学生的参与度和主动性，加深对古诗文的理解和应用。

（五）利用多媒体技术创设情境

利用多媒体技术，可以创设一个贴近学生生活的情境，激发他们对古诗文的兴趣和情感共鸣。可以通过音乐、画面、声音等手段，将古诗文与现实生活相结合，让学生更加直观地感受到古代文学作品的魅力和意义。

具体的多媒体技术创设情境可以包括：

1. 音乐与古诗文配合

选择适合的音乐，再配合古诗文进行播放，从而营造出相应的氛围。通过展示与古诗文相关的图片，如名胜古迹、自然景观等，帮助学生更直观地理解和感受古代文学作品中的场景和意象。

2. 声音效果模拟

使用音频技术模拟古代环境的声音效果，如鸟鸣、潺潺流水声等，让学生身临其境地感受古代文学作品所描绘的景色和氛围。

通过利用多媒体技术创设情境，可以让学生身临其境地感受古诗文的魅力，提高他们的阅读兴趣和产生情感共鸣。

通过以上活动的设计和实施，可以促进学生对古诗文理解和欣赏能力的发展，培养他们的批判性思维能力、团队合作精神和创造性表达能力，提高古诗文教学的效果和学生的学习兴趣。

四、整合网络资源，拓展古诗文教学的广度与深度

（一）利用网络搜索引擎获取信息

教师在古诗文教学过程中，可以利用网络搜索引擎来获取丰富的信息资源。通过使用百度、谷歌等搜索引擎，教师可以搜索到各种与古诗文内容相关的资料、诗歌解读、研究论文等。在搜索时，教师可以使用相关关键词进行精确搜索，如古诗文解读、唐诗宋词等，以便快速搜索到所需的信息。

在搜索结果中，教师可以浏览不同网站上的资讯和文章，了解古诗文的背景知识、作者生平、作品风格等方面的信息。同时，教师还可以通过搜索引擎找到古代文学作品的原文、注释和翻译版本，有助于教师更深入地理解古诗文的含义和艺术特点。

此外，教师还可以通过网络搜索引擎获取与古诗文教学相关的教学资源和活动信息。例如，可以搜索到一些线上与线下的古诗文教学活动、讲座、研讨会等信息。教师可以主动创造条件参加这些活动与专家学者交流和分享的机会，从而帮助提升自己的教学水平。

通过网络搜索引擎获取古诗文相关信息的优势在于快速、便捷、丰富。教师可以随时随地通过互联网获取所需的资料和资源，使自己的教学方式更加灵活和多样化。同时，教师还可以通过搜索引擎的推荐功能，发现更多与古诗文教学相关的网站、博客、微信公众号等，通过浏览这些平台的内容扩展自己的学术视野，了解最新的古诗文研究动态和教学方法。

（二）结合线上与线下资源开展教学

在古诗文教学中，教师可以结合线上线下资源，设计多层次、全方位的教学活动，提高学生对古诗文的理解和欣赏能力。

在线上，教师可以利用在线教育平台、课程网站等资源，搜索丰富的古诗文

教学内容为自己所用。也可以录制教学视频，制作课件和教案，将古诗文的解读和欣赏方式生动地呈现给学生。同时，教师还可以组织线上讨论活动，通过网络平台进行学生间的交流和互动，提升古诗文教学的意义。

在线下，教师可以结合实体资源，如图书馆、文化馆等实体场馆，为学生提供更真实的学习体验。比如可以组织学生到图书馆借阅与古诗文相关的书籍或资料，让学生亲自查找、阅读和解读古代文学作品。也可以带领学生参观博物馆或文化馆，欣赏古代艺术品和文物，加深学生对古诗文背后历史文化背景的理解。

通过线上和线下资源相结合的方式进行教学，可以使学生在虚拟和现实中建立起联系，促进他们对古诗文的全面理解。在线上平台，学生可以随时随地学习、交流和思考；而在线下实体场所，学生能够亲身参与、观察和感受，增强了对古诗文的理解和情感共鸣。

（三）推广优秀古诗文教学网站

为了方便学生获取与古诗文相关的优质教学资源，教师可以向学生推荐一些专门针对古诗文教学的网站。这些网站通常由专业教师、学者、研究机构等组织和维护，上面提供了丰富的古诗文教学资料、课程、讲座等内容，从而为学生提供了一个便捷、高效的学习平台。

推广优秀的古诗文教学网站可以通过多种途径实现，例如在课堂上向学生介绍、在学校网站上添加链接、通过微信公众号或班级群推送等方式。教师可以根据学生的学习需求和兴趣爱好，选择合适的网站进行推荐。

推广优秀的古诗文教学网站有助于学生获取全面、系统的古诗文学习资源。这些网站通常提供了古代文学作品的原文、注释、翻译、赏析、解读等内容，还包括相关的历史文化背景、名家诗词赏析、古代文学研究等方面的资料。学生可以在这些网站上进行自主学习，就能够了解古诗文的内涵和形式，提高他们对古诗文的理解和欣赏水平。

（四）开展古诗文网络研讨会

为了加强学术交流与合作，教师可以通过网络平台组织或参加古诗文网络研讨会。这种形式的研讨会能够跨越时空限制，吸引来自不同地区和学校的专家学者、教师和学生参与讨论和分享。

古诗文网络研讨会可以有多种形式，如在线学术报告、专题研讨、论文交流等。可以邀请知名专家学者做学术报告，介绍古诗文的研究进展和最新研究成果；也可以组织专题研讨，邀请不同领域的教师和学生就特定的古诗文话题进行深入讨论。此外，还可以开展论文交流活动，促进教师和研究生的研究互动，提高古诗文研究水平。

通过古诗文网络研讨会，教师和学生可以在虚拟的学术平台上进行交流与合作，共同研究古诗文的理论与实践问题。这种形式的研讨会往往打破了地域限制，为广大教育工作者提供了一个便捷、开放的学术交流平台，从而促进古诗文教学的创新与发展。合理利用网络搜索引擎获取信息、结合线上教学、推广优秀古诗文教学网站以及开展古诗文网络研讨会等方式，拓宽教师的教学资源渠道，为教师提供更加多样化和专业化的古诗文教育内容。同时，借助网络平台，教师和学生还可以进行跨地域、跨学校的学术交流与合作，促进古诗文教学的创新与发展。

第二节　建立与社区、文化机构等的合作关系，拓宽教学资源渠道

一、与社区文化馆、博物馆等进行合作，丰富实践教学资源

（一）与社区文化馆合作，开展实践教学活动

与社区文化馆合作是拓宽教学资源渠道的一种重要方式。通过与社区文化馆合作，可以为学生提供更多实践教学的机会，使他们亲身体验文化活动的意义，提高对古诗文的理解和欣赏能力。具体的合作方式包括：

1. 创办古诗文读书会

与社区文化馆合作，定期组织古诗文读书会，邀请专家学者和文艺工作者前来指导，分享古诗文的解读和欣赏方法，引导学生深入理解诗词的内涵。

2. 组织文化考察活动

与社区文化馆共同策划文化考察活动，带领学生参观博物馆、纪念馆等文化场所，了解历史文化背景，拓宽视野，增强学生的艺术修养和文化素养。

3. 举办古诗文展览

利用社区文化馆的展览空间，举办古诗文展览，展示学生的创作成果和艺术作品，激发学生对古诗文的兴趣，提高其写作和表达能力。

4. 开展传统文化活动

与社区文化馆合作，组织传统文化活动，如诗词比赛、剪纸艺术、民间舞蹈等，让学生亲身参与其中，从而感受传统文化的魅力，培养对古诗文的热爱。

（二）与博物馆合作，开展实践教学探索

与博物馆合作是拓宽教学资源渠道的另一种重要方式。博物馆具有丰富的文物资源和专业的解说员，可以帮助学生更好地理解古诗文背后的历史文化和人文精神。具体的合作方式可以包括：

1. 组织博物馆参观活动

与博物馆合作，组织学生参观，了解文物的保护和展示工作，深入了解古代

生活和历史背景，为学生的古诗文学习提供实践基础。

2. 举办文物展览

与博物馆合作，共同策划古代文物展览，展示与古诗文相关的文物和艺术品，引导学生通过观察、分析和解读文物，深入理解古诗文的内涵和表现形式。

3. 邀请专家讲座

与博物馆合作，邀请博物馆的专家学者来学校开展讲座，介绍古代文物的历史背景和艺术特点，让学生听取专家的解读，拓宽知识面，提高对古诗文的理解和欣赏能力。

（三）与图书馆合作，丰富阅读资源

与图书馆合作是拓宽教学资源渠道的重要途径。图书馆拥有丰富的书籍和资料，可以为学生提供更多的阅读资源，丰富学生的知识储备和阅读能力。具体的合作方式包括：

1. 建立古诗文专题馆藏

与图书馆合作，建立古诗文专题馆藏，收集整理相关的古代文学作品和研究资料，为学生提供便捷的阅读和借阅渠道。

2. 举办读书分享会

与图书馆合作，定期组织古诗文的读书分享会，邀请学生及家长参与，共同探讨古诗文的内涵和意义，促进家校合作与交流。

3. 培养阅读兴趣

与图书馆合作，共同开展阅读推广活动，如朗读比赛、诵读大会等，激发学生对古诗文的兴趣，培养其广泛阅读的习惯。

4. 提供研究资料支持

与图书馆合作，为教师和学生提供与古诗文研究相关的资料和参考书目，支持教学和学术研究。

（四）与艺术团体合作，丰富艺术资源

与艺术团体合作是拓宽教学资源渠道的另一种方式。艺术团体具有丰富的艺术资源和专业的演出经验，可以为学生提供更多的艺术欣赏和表演机会，提高学生对古诗文的感知和表达能力。具体的合作方式包括：

1. 邀请艺术家授课

与艺术团体合作，邀请艺术家来校授课，介绍古代艺术形式和表现方法，引导学生通过舞蹈、音乐、戏剧等形式感受古诗文的内涵和美感。

2. 组织艺术表演活动

与艺术团体合作，共同组织与古诗文作品相关的艺术表演活动，如古典音乐会、古代舞蹈表演等，让学生在欣赏和参与中加深对古诗文的理解和感悟。

3. 开展艺术创作比赛

与艺术团体合作，组织与古诗文作品相关的创作比赛，如鼓励学生通过绘画、摄影、书法等形式表现古诗文的意境和情感，展示个人的艺术才华和创造力。

4. 举办文艺晚会

与艺术团体合作，共同策划以古诗文作品为主题文艺晚会，邀请学生和教师参与演出和表演，展示古诗文的艺术魅力和创意表达。

（五）与媒体机构合作，提升宣传推广效果

与媒体机构合作是拓宽教学资源渠道的重要手段之一。媒体具有广泛的影响力和传播渠道，可以帮助学校宣传推广古诗文教学活动，提高社会对古诗文教育的关注度和认可度。具体的合作方式包括：

1. 新闻报道和专题报道

与媒体机构合作，开展古诗文教学实践的新闻报道和专题报道，通过介绍学校的教学成果和特色，宣传古诗文教育的价值和意义。

2. 撰写专栏文章

与媒体机构合作，撰写古诗文教育相关的专栏文章，介绍古诗文的研究成果和教学方法，为广大读者提供有益的教育指导和参考。

3. 制作宣传片和微电影

与媒体机构合作，制作古诗文教育的宣传片和微电影，通过生动形象的影像表达，向公众展示古诗文教学的魅力和成果。

4. 社交媒体推广

与媒体机构合作，在社交媒体上开展古诗文教育的推广活动，通过微博、微信等网络平台，传播古诗文的知识和展示古代文化的魅力，吸引更多的人参与到古诗文教育中来。

二、与作家、诗人等文化名人合作，引入专家资源

（一）邀请作家、诗人等文化名人来校授课

与作家、诗人等文化名人合作，是引入专家资源，拓宽教学渠道的重要途径。他们具有丰富的创作经验和独特的艺术见解，可以为学生带来新的思维和启发。具体的合作方式包括：

1. 邀请著名作家讲座

与著名作家合作，开展著名作家讲座活动，邀请作家来校分享自己的写作经验和创作心得，激发学生对文学创作的兴趣和热情。

具体实施方式有：

（1）确定合作作家：选择知名度较高、具有代表性的作家，联系并邀请他们来校进行讲座。

（2）主题确定：与作家协商确定讲座主题，可以包括写作经验分享、创作心路历程、文学创作中遇到的挑战等。

（3）讲座形式：可以是开放式的大型讲座，也可以是针对特定学生群体的小型座谈会或工作坊。根据学校的场地和资源，安排合适的讲座形式。

（4）推广宣传：通过学校内部渠道和外部媒体进行宣传，增加学生对讲座的关注度和参与热情。

通过邀请著名作家进行讲座，学生可以直接从作家口中了解到文学创作的真实情况与心得体会，激发学生对文学创作的兴趣和热情，同时也为学生提供了与作家交流的机会，进一步拓宽了他们的视野。

2. 邀请诗人开展诗歌创作工作坊

与诗人合作，举办诗歌创作工作坊，邀请诗人为学生传授诗歌创作技巧，引导学生通过诗歌表达内心情感和思考。

具体实施方式有：

（1）确定合作诗人：选择诗歌创作造诣高、有教学经验的诗人，联系并邀请他们来校进行诗歌创作工作坊。

（2）工作坊形式：可以采用讲解、示范、练习结合的方式进行，诗人可以分享自己的诗歌创作经验、技巧以及审美观点，并指导学生进行实际的诗歌创作练习。

（3）创作成果展示：组织学生展示工作坊期间的创作成果，通过朗诵或出版形式将学生的优秀作品呈现给更多人。

通过与诗人合作举办诗歌创作工作坊，学生能够学习到专业的诗歌创作技巧和方法，同时也能够发掘自己的创作潜力，培养对诗歌的欣赏与表达能力。

3. 开展作品欣赏会

与文化名人合作，组织作品欣赏会，学生有机会近距离聆听、读解名家作品，感受名家艺术的魅力，并进行深入讨论和交流。

具体实施方式有：

（1）确定合作文化名人：选择在文学、艺术等领域具有影响力的名人，联系并邀请他们来校进行作品欣赏会。

（2）确定欣赏会形式：可以是文学作品朗读会、艺术作品展示会等形式，将名家的作品以现场演示或展览的方式呈现给学生。

（3）深入交流：鼓励学生就所欣赏到的作品进行深入的讨论和交流，引导学生从不同的角度去理解和解读名家的作品。

通过开展作品欣赏会，学生可以近距离接触到优秀的文学艺术作品，感受名家艺术的魅力，同时也能够通过互动交流进一步提高对作品的理解和欣赏能力。

4. 参观作家驻地

与作家合作，组织学生参观作家的驻地或工作室，了解作家的生活状态和写作环境，加深对作家创作背景和作品的理解。

具体实施方式有：

（1）选择合作的作家：与作家联系并获得其同意，安排学生参观作家的驻地或工作室。

（2）安排参观活动：组织学生参观作家的生活和工作环境，了解作家平时的创作状态和生活情况，并与作家进行交流和互动。

（3）学生体验：鼓励学生在参观过程中进一步了解作家的作品，并尝试模仿作家的创作方式和思维方式,提升自己的创作能力。

通过参观作家的驻地,学生可以更加直观地感受到作家的创作背景和环境,加深对作家作品的理解,同时也有助于激发学生对文学创作的兴趣和热情。

通过以上活动的设计和实施,可以与文化名人、作家、诗人等合作,为学生提供更多与文学艺术创作相关的机会和体验,激发他们的热情与创造力,促进学生对文学的认识与理解的深入。

(二)邀请文化名人参与学术研讨和评比活动

与文化名人合作,可以为学校的学术研讨和评比活动引入专家资源,提高活动的水平和影响力。具体的合作方式包括:

1. 邀请作品评委

为了提高学校作文、诗歌等比赛的专业性和公正性,可以与文化名人合作,邀请知名作家、学者担任作品评委。这些评委具有丰富的文学经验和专业知识,能够对参赛作品提供专业的评价和指导。

邀请作品评委可以通过多种方式实现。首先,可以通过学校的人脉资源联系到具有文学背景的名人,如在文学界有一定影响力的作家、诗人、教授等。其次,在邀请过程中,可以向评委详细介绍学校的教育理念、教学特色,并说明评选活动的目的和意义,以争取评委的支持和参与。

邀请作品评委的方式对于学生的作品提升和学习成长具有重要意义。评委们由于自身所具备的文学造诣和专业知识,在进行作品评审时能够从更深入的角度审视作品的艺术价值、表达方式、创新思维,为学生提供宝贵的建议和指导。评委们还可以根据学生的水平和潜力,发掘并推荐有才华的学生参加更高层次的文学创作和研究。

2. 邀请学术讲座嘉宾

为了拓宽学生的知识视野和研究方向,可以与文化名人合作,邀请学术界的知名专家学者来校进行学术讲座。这些学术讲座可以涉及古诗文的研究进展、经典作品的解读、文学理论的探讨等方面内容,为学生提供学术信息和学习机会。

邀请学术讲座嘉宾可以采取多种方式。比如可以通过学术界的学术会议、学术期刊等渠道获取知名专家学者的联系方式,邀请其来校进行讲座。另外,在邀请过程中，需要向嘉宾介绍学校的教育环境和特色，并说明学术讲座的目的和意义，以引起嘉宾参与的兴趣。

邀请学术讲座嘉宾对学生的学术培养和知识拓展具有积极作用。讲座内容涵盖了古诗文研究的前沿动态和学术思考，学生可以通过倾听嘉宾的学术分享，了解到当前学术界对古诗文的研究重点和趋势。此外，学术讲座还可以提供面对面交流的机会，学生可以向嘉宾请教问题、交流想法，拓宽自己的学术视野。

3. 主题研讨会邀请

为了促进古诗文教育的理论研究和实践探索，可以与文化名人合作，共同策划主题研讨会。这些研讨会可以围绕特定的古诗文话题展开，邀请相关学者和文化名人参与，通过交流和讨论，推动古诗文教育的发展。

邀请主题研讨会嘉宾可以通过多种方式实现。比如，可以通过学校的学术资源和合作伙伴的联系，邀请具有相关学术背景和研究成果的专家学者。另外，在邀请过程中，可以向嘉宾详细介绍主题研讨会的目的和议题，并为他们提供充足的时间，让嘉宾更顺利地展开自己的学术探讨。

主题研讨会的邀请对于学校的古诗文教育具有重要意义。通过与专家和学者的交流和讨论，可以拓宽教师和学生对古诗文教育的认识和理解，增加对古诗文背后思想、文化内涵的探究。此外，研讨会还可以促进学术合作和学科交叉，为古诗文教育的发展提供新的思路和方法。

4. 合作撰写学术著作

为了对古诗文教育的理论与方法进行深入研究，可以与文化名人共同合作，撰写学术著作。这些学术著作可以涵盖古诗文教育的相关理论、教学设计、学习方法等内容，为教师和学生提供可靠的参考资料。

合作撰写学术著作可以采用协作研究的方式进行。合作作者可以联合开展文献调查、实地调研、案例分析等研究工作，共同撰写学术著作。在撰写过程中，合作作者可以互相交流和讨论，发挥各自专业优势，形成良好的合作关系。

合作撰写学术著作对于古诗文教育的发展具有重要意义。通过深入研究和总结，可以对古诗文教育的理论和实践进行系统梳理和整合，为教师提供科学的教学指导和方法论。同时，撰写学术著作还可以促进学术交流与合作，拓宽研究视野，推动古诗文教育的创新与发展。

通过邀请作品评委、学术讲座嘉宾，组织主题研讨会以及合作撰写学术著作等合作措施，可以与文化名人合作，提升学校古诗文教育的质量和影响力。合作过程中，学校和文化名人可以互相借鉴、共同成长，促进学术交流和教育合作的深入发展。

三、与教育科研机构合作，获取前沿教学资源

与教育科研机构合作是拓宽教学资源渠道的重要方式。教育科研机构具有专业的教育研究经验和资源，可以为学校提供前沿的教学理念和资源支持。具体的合作方式包括：

（一）参与教育研究项目

与教育科研机构合作，可以参与各种教育研究项目，开展古诗文教育的实证研究和教学改革探索。通过系统性的研究，总结和推广有效的教育方法和策略，为学校的古诗文教学提供科学依据和指导。例如，可以通过观察和实证研究来了解学生对于古诗文的理解和阅读策略，进而探索出更加适合学生的教学方式。

（二）教育资源共享

与教育科研机构合作，在教育资源的共享方面进行合作。教育科研机构通常拥有丰富的教学资源和教材，可以为学校提供更多优质的教学资源，丰富学生的学习内容和方式。例如，可以通过合作获取教育科研机构开发的教材、课程设计案例等，为学校的古诗文教学提供更加多元化和有效的资源支持。

（三）举办教师培训活动

与教育科研机构合作，可以共同举办古诗文教学教师培训活动。通过邀请教育专家就古诗文教学的方法和策略进行培训，提高教师的教学水平和教育能力。教育科研机构通常拥有丰富的经验和权威性，能够为教师提供专业的培训服务，并分享最新的教学理念和实践经验。通过这样的合作，可以促进教师之间的交流互动，不断提高古诗文教学的质量。

（四）开展教学研讨会

可以与教育科研机构合作，组织古诗文教学研讨会。通过邀请专家学者进行

教学案例的分享和交流,促进教师之间的互动和学习。教学研讨会是一个教师专业发展的重要平台,可以让教师们分享自己的教学经验和探索,在他人的意见和建议中不断改进和提升古诗文教学质量。同时,由于教育科研机构可以提供专业的指导和支持,所以能够帮助教师们解决教学中的问题和困惑。

四、利用家长资源,促进家校共同参与古诗文教学

(一)家长参与课堂教学活动

家长是学生的第一任教师,他们对学生的成长具有重要影响。加强家校联系,利用家长资源,促进家长也参与到古诗文教学中来,以增进家长对学校教育的认同感和支持度。具体的合作方式包括:

1. 邀请家长来校授课

邀请家长中具有古诗文专长或研究背景的人士,来校进行古诗文的授课,与教师共同为学生上好一堂课,分享家长的专业知识和经验。这种方式能够让学生在课堂上不仅能够听到教师的解读,还能够从家长的角度了解古诗文的内涵和意义,拓宽学生的思维和视野。

2. 家长讲座和经验分享

定期举办家长讲座和经验分享会,邀请家长分享自己对古诗文教育的理解和实践经验,推动家长与教师之间的交流与合作。在讲座中,家长可以分享自己在古诗文学习过程中的心得体会,为其他家长提供参考和指导。同时,教师也可以通过讲座向家长介绍学校的教学理念和教育目标,增强家长对学校教育的认同感。

3. 家长陪读活动

开展家长陪读活动,鼓励家长参与孩子的古诗文学习辅导,进而了解和分享孩子在古诗文学习中的点滴成长。家长可以陪伴孩子一起阅读古诗文作品,共同讨论理解,互相促进。这样不仅可以增进家长对孩子学习的了解和支持,也能够加强家校沟通和交流。

4. 家校合作项目

与家长合作,共同策划古诗文教育项目,如诗词大赛、朗诵比赛等。家长可以参与活动的组织和指导,与学校共同培养学生的创作和表达能力。通过这些活

动，家长与学校将形成紧密的合作关系，共同为学生提供良好的学习环境和氛围。

（二）家访和家庭作业辅导

利用家长资源开展家访和家庭作业辅导，能够深入了解学生的家庭环境和学习情况，为学生提供个性化的教育支持。具体的合作方式包括：

1. 家访活动

在古诗文教学中，家访是一种重要的方式，可以促进家校之间的沟通和合作。定期进行家访活动，与家长面对面交流，能够了解学生的学习情况和家庭背景，共同探讨学生的学习需求和为其提供相应的帮助。

通过家访，教师可以更好地了解学生的个性特点、学习风格以及家庭教育环境，从而在古诗文教学中因材施教，给予学生个性化的指导和支持。同时，家长也有机会向教师反馈学生在家中的学习和生活情况，共同为他们制订学习计划和目标。

2. 家长志愿者辅导小组

组建家长志愿者辅导小组，由家长担任辅导员，为学生提供作业指导和学习辅导，促进学生对古诗文的深入理解和巩固。

家长志愿者辅导小组可以定期组织学习活动，例如诵读比赛、古诗文分享会等，让学生有机会展示自己的成果，并从中获得激励和认可。家长作为辅导员，不仅能够提供古诗文学习的指导，还能够培养学生的学习兴趣和自主学习能力。

3. 家庭作业辅导

与家长合作，建立家庭作业辅导资源库，提供古诗文作业的参考答案和解析，能够让家长更好地辅导孩子完成作业。

家长在进行作业辅导时，可能会遇到一些难题，特别是对于古诗文这样的学科而言。而建立家庭作业辅导资源库，教师就可以为他们提供古诗文作业的参考答案和解析，帮助家长更有效地引导孩子完成作业。

此外，还可以通过线上平台或建立微信群等方式，及时回答家长在辅导过程中遇到的问题，为他们提供必要的指导和支持。

4. 家长学习班

开设家长学习班，邀请教师就古诗文教育的方法和技巧进行培训，提高家长对古诗文教育的认知和应对能力，以更好地支持孩子的学习。

家长学习班可以组织一系列的讲座、研讨会或培训班，邀请专家学者或有经验的教师就古诗文教育的重要性、教学方法和有效策略等方面进行讲解和指导。

通过家长学习班，家长们能够深入了解古诗文教育的特点和难点，并学习如何在家中与孩子进行有效的古诗文学习和交流。同时，家长们之间也可以相互交流经验和心得，共同成长。

总而言之，利用家长资源，促进家校共同参与古诗文教学，可以通过开展家访活动、组建家长志愿者辅导小组、提供家庭作业辅导和开设家长学习班等方式实现。这样的合作将有助于提高学生的学习效果，并加强家校之间的密切联系，为学生的全面发展和古诗文教育的提升提供有力支持。

第六章　新课标下小学古诗文专题教学模块设计与实施

第一节　设计符合学生需求的专题教学模块

一、确定专题教学的主题和目标

（一）主题的确定

在确定专题教学的主题时，应综合考虑学生的兴趣爱好、知识背景和学习能力，并选择与古诗文相关的主题，如唐诗、宋词、元曲等。这些主题既拥有深厚的文化底蕴，也富有艺术美感，能够激发学生对古代文学的兴趣和热爱。

为了更好地确定主题，可以通过以下步骤实现：

第一步，了解学生的兴趣爱好和文化背景，选择适合他们的学习方式，如可以通过问卷调查的方式，也可以通过小组讨论的方式。总之，要选择那些符合学生兴趣和学习背景的主题。

第二步，首先要考虑学生的学习能力和接受程度，然后根据不同年级的学习要求，进行权衡后，再选择适宜的主题。

第三步，应参考教材和教学大纲，确保所选主题符合教育部门的规范和要求。

（二）目标的确定

专题教学的目标应明确具体，符合学生的发展需求，这样不仅可以培养他们的文学素养，还可以提高他们的语言表达能力和文化认知水平。因此，根据学生的年级和学习要求，可以设定以下目标：

目标一，学习和理解古代文学作品的意境和艺术特点，培养学生欣赏、鉴赏和创作古诗文的能力。

目标二，提高学生的阅读理解和写作能力，培养其语言表达和批判性思维能力。

目标三，增强学生对中华古代文化的认知和理解，培养他们的文化自信心和民族自豪感。

目标的确定应遵循以下原则：

原则一，明确具体。目标应具体明确，便于教师和学生的有效把握和顺利实施。

原则二，符合学生发展需求：目标应根据学生的年级和学习要求来制定，并符合学生的发展需要。

原则三，可操作性强。目标应具备一定的可操作性，能够通过教学方法和评估方式实现。

（三）确定目标的评估方式

为了确保教学目标的实现，应制定相应的评估方式。可以通过学生的作业、考试、课堂表现等来评估学生的学习成果。评估方式应全面、客观地反映学生的学习情况，并及时提供反馈和指导，以便学生进行调整和提升。

常见的目标评估方式包括：

1. 书面作业和口头表达

通过学生的写作或口头演讲来评估其对古代文学作品的理解和表达能力。

2. 课堂参与和讨论

观察学生在课堂上的参与度、发言质量和思维深度，以评估其对专题内容的理解程度。

3. 小组合作项目

组织学生进行文学创作、演出或研究项目，通过小组合作成果来评估学生的合作能力和学习成果。

（四）补充教学支持

为了帮助学生更好地理解和学习专题内容，应准备一些辅助教材、教学工具和多媒体资源。具体如下：

1. 辅助教材

提供古代文学经典作品的注释和解读,帮助学生理解作品的内涵和背景。

2. 教学工具

利用录音设备、投影仪等工具,通过朗读、展示来呈现古代文学作品的内容,以增强学生的感知和理解力。

3. 多媒体资源

运用影片、音频等多媒体资源,以图像、声音等形式激发学生的学习兴趣和直观感知力。

(五)时间安排

根据专题教学的内容和学生的学习进度,合理安排教学时间。教学时间应充分考虑到教学目标的实现,同时要留出时间进行复习和巩固。合理的时间安排可以保证教学过程的连贯性和高效性,使学生在有限的时间内获得更好的学习效果。

二、选择适合学生年龄特点的古诗文专题

(一)了解学生的年龄特点

不同年龄段的学生在认知能力和学习特点上存在明显差异。了解学生的年龄特点,可以选择更适合他们的指导方法。例如,小学生的思维还较为具象,对抽象概念的理解能力较弱,因此在选择古诗文专题时,可以选取内容相对简单、生动易懂的作品,以便培养学生对古诗文的兴趣和理解能力。

(二)选择有代表性的古诗文作品

选择有代表性的古诗文作品是非常重要的。这些作品通常体现了古代文化的精髓,具有较高的艺术价值和审美意义,同时也能够引起学生的浓厚兴趣,激发他们对文学的热爱。

在古诗文专题的选择中,可以考虑选取一些广为人知、大家都喜爱的古诗文作品,如李白的《静夜思》、王之涣的《登鹳雀楼》等。这些作品既具有代表性,又能够引起学生的共鸣,帮助他们更好地理解古诗文和欣赏古诗文的魅力。

(三)考虑学生的阅读水平

学生的现有阅读水平是选择古诗文专题时不可忽视的因素。每个学生的阅读

能力都有所差异，因此在选择古诗文作品时，应该考虑到学生的实际情况，选择适合他们阅读水平的古诗文作品。

针对小学生，可以选择一些语言简单、结构清晰的古诗文作品，以便学生能够较容易地理解和阅读。对于初中生而言，可以选择一些内容较为复杂、难度适中的古诗文作品，以促进他们的思维发展和理解能力。

同时，为了帮助学生更好地阅读古诗文作品，教师可以提供必要的辅导和指导，如注解、译文等，让学生能够更深入地理解和欣赏古诗文作品的内涵。

（四）综合考虑文化背景

学生的文化背景也是选择古诗文专题时需要综合考虑的因素之一。学生所在的地区和民族文化对他们的认同和理解都有影响，选择古诗文专题时，可以结合学生的文化背景，选择与其相关的古诗文作品。

例如，对于处于广东地区的学生来说，可以选择一些与岭南文化或广府文化有关的古诗文作品，帮助他们更好地理解和感受当地的文化特色。对于具有少数民族背景的学生来说，可以选择一些与其民族文化相联系的古诗文作品，以增强学生对自己民族文化的兴趣和认同。

三、设计符合学生认知水平和兴趣的教学内容

（一）根据学生的认知水平设置相应的教学内容

在进行古诗文教学时，根据学生的年龄、知识背景和学习能力，针对不同层次的学生，应设置符合他们认知水平的教学内容，这样可以确保教学内容既不会过于简单，也不会过于复杂。

由于小学生的学习能力和阅读理解能力相对较低，可以选择一些简短且有趣的古诗文进行教学。教师可以通过讲解古诗文的背景、出处，引导学生理解其中的文字表达和表情情感。同时，可以通过分析古诗文的词句，从韵律、意境等方面为学生进行解读，帮助他们理解其中的韵律和意境。

由于初中生已经具备一定的语文基础了，能够更深入地理解古诗文的内涵和形式。教师可以通过讲解古诗文的主题、情感表达以及其中运用的修辞手法，引导学生对作品进行分析和理解，引导他们分析作品中的情感表达和修辞手法。同

时，可以通过让学生朗读、模仿古诗文写作的方式，培养学生的语感和表达能力。

（二）结合学生的兴趣设置教学内容

在进行古诗文教学时，应根据学生的兴趣爱好，设计教学内容，激发学生的学习兴趣和主动性。

例如，对于喜欢音乐的学生，可以引导他们通过音乐欣赏的角度来了解古诗文内容。教师可以选择一些与音乐相关的古诗文作品，让学生通过欣赏和分析音乐作品，理解其中蕴含的情感和意境。同时，可以组织学生合唱或演奏相关曲目，将古诗文与音乐相结合，增加学生对古诗文的兴趣和理解。

对于喜欢绘画的学生，可以通过绘画的方式来让他们体验古诗文。教师可以选取一些富有想象力和意境的古诗文作品，引导学生根据自己的理解和感受进行绘画创作。这样可以让学生通过绘画来表达对古诗文的理解和感悟，增强他们对古代文化的体验和认知。

（三）多样化的教学方法

为了满足不同学生的学习需求，教师应采用多种多样的教学方法，以提高教学效果和趣味性。

在古诗文的讲解和分析过程中，教师可以运用直观生动的语言，通过讲故事、引用典故等方式，吸引学生的注意力。同时，可以使用多媒体工具，如幻灯片、视频等，展示古诗文的相关图片、音频和视频素材，以丰富课堂教学内容，增加学生的视听体验。

除了讲解和分析，教师还可以组织学生进行互动学习活动。例如，可以设计小组讨论、角色扮演、剧场演出等形式的活动，让学生在互动中深入理解古诗文的意义和内涵。通过这些互动活动，学生能够更加主动地参与到学习中，从而提高了他们的学习兴趣和积极性。

（四）关注学生的个性差异

不同学生有着不同的学习风格和喜好，所以在设计教学内容时，教师应充分考虑学生的个性差异，根据学生的个性特点，为他们提供不同的选择空间，以满足他们的个性化学习需求。

对于喜欢独立思考和探索的学生，教师可以提供一些开放性的问题和任务，让他们自主学习和发现古诗文的意义和美感。对于喜欢合作学习和交流的学生，教师可以设计一些小组活动或合作项目，让他们通过互相讨论和合作完成任务，促进彼此之间的学习和交流。

同时，教师还应关注学生的学习能力和进展，根据学生的成绩和课堂表现，为他们进行个别化的辅导和指导。对于一些学习困难的学生，可以为他们提供更多的辅导和支持，以帮助他们克服困难，提高学习效果。

四、制订详细的教学计划和准备相应的教学资源

（一）确定教学步骤和时间安排

为了确保专题教学的顺利进行，教师需要制定详细的教学步骤和时间安排。首先，教师针对每堂课的主题和重点内容进行确定教学计划，并合理安排时间，使每个环节都能得到充分的展开。例如，可以将整个专题教学划分为若干个单元，每个单元包含一个主题，然后再在每个单元内划分出几个具体的课时，安排不同的学习活动。

在具体的教学步骤中，教师可以采用启发式教学、情境教学等方式，通过提问、讨论、实践等多种形式激发学生的学习兴趣和主动性。同时，还可以结合学生的实际情况和认知水平，适当地增加互动环节，以帮助学生更好地理解和运用古诗文知识。

（二）准备教学资源

为了支持专题教学活动的开展，需要准备相应的教学资源。比如，可以收集一些经典的古诗文作品，如唐诗宋词等，并根据教学目标和学生的学习需求进行筛选。此外，还可以收集一些参考书籍、教学辅助材料和电子资源，以供学生进行学习和研究。

在准备教学资源时，教师还可以考虑增加学习的多样性和趣味性，如使用音频、视频等多媒体资源，或者设计一些互动的课件，以吸引学生的学习注意力和参与的积极性。

（三）设计评估方式

为了及时了解学生的学习情况和学习效果，需要设计相应的评估方式。评估

可以贯穿整个专题教学过程，保证既能够帮助学生检验自己的学习成果，也能够帮助教师了解学生的学习进展，从而及时调整教学策略。

评估方式可以多样化，例如可以设计一些课堂练习和作业，用于检验学生对古诗文知识的理解和应用能力。同时，也可以开展小组讨论、展示和分享等活动，以促进学生之间的交流和合作。此外，进行口头表达和写作评估也是重要的方式，可以通过学生的口头演讲、创作作品等来评估他们对古诗文内容的思考和表达能力。

（四）配备教学工具

为了支持专题教学的进行，需要配备相应的教学工具。根据教学需要，可以配备投影仪、音响设备、多媒体设备等，以便于教师展示教学内容，提高学生的参与度和理解度。

投影仪可以用于展示古诗文作品的原文、注解和翻译，让学生更清晰地理解诗意和文化内涵。音响设备可以用于播放相关音频，如朗读录音、音乐背景等，以增强学生对作品的感受和情感理解。多媒体设备则可用于展示相关视频和图片，以激发学生的学习兴趣。

（五）备课和教学反思

在专题教学前，教师需要进行认真的备课，准备好相关的教案和教材。备课过程中，教师要研究教学内容，深入理解古诗文的内涵、特点和艺术价值，并根据学生的实际情况制定合适的教学策略和活动安排。

在教学过程中，教师及时反思自己的教学效果是非常重要的。教师可以关注学生的学习表现和反馈，观察学生的参与度和理解程度，并根据实际情况及时调整和改进自己教学方法。同时，可以通过教学记录和反思笔记等方式，总结教学经验，为今后的教学提供借鉴和改进的方向。

第二节 实施专题教学模块,提高古诗文教学的针对性和趣味性

一、采用多种教学方法,培养学生的综合能力

(一)引导学生进行朗读和背诵

为了提高学生对古诗文的感悟和理解能力,可以通过引导学生进行朗读和背诵来培养他们的口语表达能力和记忆力。教师可以选择一些经典的古诗文作为教材,让学生通过反复朗读和背诵,逐渐熟悉其中的词句含义和意境,提高他们对古代文化的认知和理解能力。

在朗读和背诵的过程中,教师可以对学生进行指导和纠正,帮助他们准确理解和表达古诗文的内涵。同时,可以加入一些情感交流的元素,让学生通过声音、语调和节奏,表达出古诗文中蕴含的情感和思想。

此外,教师还可以运用一些互动的方式,如分角色朗读、小组演绎等方式,激发学生的学习兴趣和参与积极性。通过朗读和背诵的活动,学生不仅能够提高对古诗文的理解和记忆能力,还能够培养他们的语感和口语表达能力。

(二)开展文学欣赏和批评活动

古诗文是中华民族的瑰宝,通过开展文学欣赏和批评活动,可以培养学生对古代文学的鉴赏能力和批判性思维。教师可以选择一些优秀的古诗文作品,让学生进行深入的分析和评价,引导他们发现其中的艺术特点和情感体验,培养他们对文学作品的审美意识和感受能力。

在文学欣赏和批评活动中,教师可以引导学生观察古诗文的结构、语言运用能力和意境表达等方面,帮助他们理解其中的美学价值和文化内涵。同时,还可以鼓励学生提出自己的见解和观点,培养他们的批判思考和表达能力。

此外,可以组织学生进行小组讨论或辩论,让他们就某个古诗文的主题或情感表达展开争论,培养他们的逻辑思维和辩证能力。通过文学欣赏和批评活动,学生能够对古诗文有更深入的理解和体验,激发他们对文学的兴趣和热爱。

（三）组织团队合作和角色扮演活动

通过组织团队合作和角色扮演活动，可以锻炼学生，提高他们的团队合作能力和表演能力。教师可以将一些具有情节性和人物性的古诗文进行改编，让学生分成小组进行演绎，每个学生扮演其中的一个角色，通过这种合作完成演绎任务的方式，培养了学生语言的表达能力和团队协作意识。

在角色扮演的过程中，学生需要仔细研读古诗文，理解其中角色所要表达的情感和思想。通过扮演不同的角色，学生可以深入体验古诗文中人物的情感和命运，进一步理解古代文化的内涵和特点。

同时，教师可以设定一些演绎任务，如根据古诗文创作小品、改编成音乐剧等，注重培养学生的创造力和想象力。通过团队合作和角色扮演活动，学生不仅能够提高对古诗文的理解和表达能力，还可以培养他们的团队协作意识和创新思维能力。

（四）开展创意写作和绘画活动

为了培养学生的创造力和想象力，可以开展创意写作和绘画活动。教师可以引导学生根据古诗文的内容和意境进行创作，让学生自由发挥，表达自己的感受和想法。同时，可以鼓励学生运用绘画等多种形式表达，加深对古诗文的理解和记忆。

在创意写作和绘画活动中，教师可以提供一些具有启发性的问题或主题，激发学生的创造力和思维。学生可以选择他们喜欢的古诗文作品进行改编、续写，或者通过绘画表达其中的意境和情感。教师可以进行评价和指导，帮助学生提高创作的质量和表达的准确性。

通过创意写作和绘画活动，学生能够更加深入地理解和体验古诗文的内涵，同时培养他们的创造力和个性表达能力。

（五）开展实地考察和参观活动

通过开展实地考察和参观活动，可以帮助学生更好地了解和感受古代文化。教师可以组织学生前往一些与古诗文作品相关的地方，如名胜古迹、博物馆等，让学生亲身体验和感受其中的氛围和历史背景，提高他们对古代文化的认知和理解能力。

在实地考察和参观活动中，教师可以为学生进行导览讲解，帮助学生认识和了解古代文化的渊源和发展历程。同时，可以引导学生进行观察和体验，让他们通过自己的感官来感受古代文化的魅力。

此外，教师还可以组织学生进行实地调研和考察活动，让他们选择一个与古诗文作品相关的课题进行深入研究，通过调研报告或展示形式呈现出来。这样可以培养学生的独立思考能力和研究能力，提高他们对古代文化的全面理解和把握。

通过实地考察和参观活动，学生能够亲身感受和体验古代文化的魅力，加深对古诗文的理解和认识。

二、设计情境化教学活动，激发学生的参与度和探究精神

（一）设计角色扮演活动

通过设计角色扮演活动，可以让学生身临其境地感受古代文化。教师可以选择一些古诗文作品，为每个学生指定一个角色，并设计相应的情境和任务，让学生在扮演角色的过程中深入理解和体验其中的情感和思想，激发他们的兴趣，提高其参与度。

为了更好地设计角色扮演活动，教师可以考虑以下几个方面：

1.选择适合的古诗文作品

根据学生的年级和基础，选择适合的古诗文作品。可以选取有代表性、情感丰富、涉及多元文化的作品，如《静夜思》《春晓》等。

2.分配角色并设计情境

为每个学生分配一个角色，并设计相应的情境和任务。可以考虑将学生置身于古代社会背景中，让他们感受到当时的生活方式、价值观念和情感体验。

3.提供相关素材和指导

为了让学生更好地完成角色扮演任务，教师可以提供相关的古代文化背景知识、素材和指导。可以准备一些相关的读物、影片和音频，供学生参考和研究。

4.组织表演和讨论

在角色扮演活动结束后，教师可以组织学生进行表演，让他们展示扮演角色

的情感和思想体验。同时，可以组织讨论和交流，让学生分享彼此的理解和感受，促进学生之间的互动和学习。

通过设计角色扮演活动，学生可以亲身体验古代文化，深入了解古诗文背后的情感和思想。这样的活动不仅能够激发学生对古代文学的兴趣和热爱，还能够培养他们的表演能力、情感表达能力和团队合作精神。

（二）组织文学创作比赛

通过组织文学创作比赛，可以激发学生的写作兴趣和创造力。教师可以设立一些主题或者要求，要求学生以古诗文为基础进行创作，并鼓励他们展现个性和独特的思考。通过比赛评选出一些优秀作品，可以提高学生的学习积极性和参与度。

为了更好地组织文学创作比赛，教师可以考虑以下几个方面：

1. 确定比赛主题和要求

根据教学大纲和学生的年级特点，确定创作比赛的主题和要求。可以根据学生年级的不同制定不同的主题，例如以古代文学为背景的情感表达、自由创作等。

2. 提供创作指导和资源

为了帮助学生更好地进行创作，教师可以提供一些创作指导和资源。可以组织创作讲座、写作指导活动，向学生介绍古代文学的特点和技巧，并为他们提供相关的参考资料和素材。

3. 评选与展示优秀作品

在比赛结束后，教师可以邀请专家评委对作品进行评选，选出一些优秀作品进行展示。可以组织作品欣赏会、学术交流会等活动，让学生分享彼此的创作成果，并获得专业的评价和指导。

4. 鼓励学生反思和改进

无论学生最终作品是否被选中，教师都应鼓励学生对自己的作品进行反思和改进。比如可以组织学生进行作品评析和讨论，让他们从中吸取经验和教训，不断提高自己的写作能力。

通过组织文学创作比赛，可以激发学生对古代文学的研究兴趣，培养他们的创造力和表达能力。因为在比赛的过程中，学生有机会进行自主思考、自由创作，并从中获得专业的指导和评价，从而提高了其写作水平和素养。

（三）设计文化体验活动

通过设计文化体验活动，可以让学生亲身参与到古代文化的传承和发展中。教师可以组织学生进行传统手工艺制作、古代音乐舞蹈欣赏、传统节日庆祝等活动，让学生在体验中感受到古代文化的魅力，激发他们对古代文化的探究和了解的兴趣。

为了更好地设计文化体验活动，教师可以考虑以下几个方面：

1.选择适合的文化活动

根据学生的年级和课程要求，选择适合的文化活动。可以选择一些有代表性且易于理解的活动，例如中国结制作、传统音乐舞蹈表演、传统节日的庆祝等。

2.提供相关文化背景知识

为了让学生更好地理解和感受古代文化的魅力，教师可以提供相关的文化背景知识。可以组织文化讲座、展览参观等活动，向学生介绍古代文化的起源、发展和影响，使他们对文化体验活动有更深入的认识。

3.引导学生参与和互动

在文化体验活动中，教师应引导学生积极参与和互动。可以组织小组合作、讨论和展示等环节，让学生之间相互交流、分享自己的体验和想法。

4.评估学生的参与和反思

为了促进学生对文化体验活动的参与和反思，教师可以设计一些评估活动。可以要求学生撰写活动反思报告、参与小组讨论或进行口头演讲，以评估学生对文化体验活动的理解和价值感受。

通过设计文化体验活动，学生能够亲身感受到古代文化的博大精深，增加他们对传统文化的认知和兴趣。这样的活动不仅能够丰富学生的课余生活，还能够培养他们对古代文化的热爱和保护意识，促进中华传统文化的传承和发展。

（四）开展互动讲座和演讲比赛

通过开展互动讲座和演讲比赛，可以提高学生的演讲能力和表达能力。教师可以邀请一些专家学者或者有相关经验的人士来校进行讲座，同时组织学生进行演讲比赛，让学生通过演讲的方式表达自己对古诗文的理解和感受，激发他们的思辨能力和探究精神。

为了更好地开展互动讲座和演讲比赛，教师可以考虑以下几个方面：

1. 选择合适的讲座主题和演讲比赛内容

根据学生的年级和学习内容，可以为他们选择一些合适的讲座主题和演讲比赛内容。即选择一些与古代文学相关的话题，如古代文学名篇解读、文化背景的探究等。

2. 邀请专家学者和相关人士

为了实现讲座、比赛的专业性和权威性，教师可以邀请一些专家学者和有相关经验的人士来校开展讲座，或担任演讲比赛的评委。

3. 提供演讲指导和培训

为了提高学生的演讲能力，教师可以提供演讲指导和培训。可以开设演讲技巧课程、组织模拟演讲活动，帮助学生掌握演讲的基本技巧和表达能力。

4. 组织学生演讲比赛和讨论

在比赛开始前，教师可以组织学生进行演讲比赛。可以结合小组讨论、现场评审等环节，让学生展示自己对古代文学的理解和思考。

5. 提供及时的反馈和指导

在演讲比赛结束后，教师应提供及时的反馈和指导。可以对学生的演讲进行评估和点评，指出其优点和不足，并给予建议和指导，帮助学生改进和提升演讲能力。

通过开展互动讲座和演讲比赛，可以提高学生的演讲能力、表达能力和思维能力。这样的活动能够培养学生良好的口头表达习惯，增强他们对古代文学的理解和思辨能力。

（五）设计课外拓展活动

除了课堂教学外，还可以为学生设计一些课外拓展活动，如古诗文阅读俱乐部、古代文化讲座、写作比赛等，为学生提供更多的学习机会和交流平台，拓宽他们的视野和知识面，增强他们对古诗文学习的针对性和趣味性。

为了更好地设计课外拓展活动，教师可以考虑以下几个方面：

1. 设立古诗文阅读俱乐部

可以组织学生参与古诗文阅读俱乐部,每周或每月聚集一次,学生共同阅读、解读和讨论古诗文作品,也可以通过小组讨论、朗读比赛等形式,激发学生对古代文学的兴趣和热爱。

2. 举办古代文化讲座和讲座系列

可以邀请专家学者来校进行古代文化讲座,向学生介绍古代文化的特点、发展和影响。可以设计一系列的讲座活动,让学生有机会深入了解不同方面的古代文化。

3. 组织写作比赛和创作活动

可以组织学生参与写作比赛和创作活动。通过比赛和评选,鼓励学生进行文学创作,并提高他们的写作能力和表达能力。如设立一些主题或要求,要求学生以古代文学为基础进行创作,发挥他们的想象力和创造力。

4. 参观文化遗址和博物馆

可以组织学生参观一些与古代文化有关的文化遗址和博物馆,让他们通过亲自参观,可以更加直观地了解古代文化的历史积淀和艺术成就,增加他们对古代文化的认知和理解。

通过以上课外拓展活动,可以给学生提供更广泛的学习机会和交流平台,激发他们的学习兴趣和主动性。这些活动既能够丰富学生的课外生活,又能够进一步加深学生对古代文学的理解和认知。

三、运用多媒体技术,增加教学的趣味性和互动性

(一)利用多媒体素材展示古诗文

通过运用多媒体技术,可以将古诗文以图像、音频、视频等形式进行展示,增加学生的视听体验。教师也可以使用PPT、电子白板等工具,将古诗文作品中的情感表达呈现给学生,让他们更直观地感受古代文化的魅力,同时也增加了教学的趣味性和互动性。

在通过多媒体开展古诗文教学时,教师可以使用PPT软件制作幻灯片,并结合图片、文字和音频,将古诗文的背景、意境和情感表达展示给学生。可以精

选一些与古诗文相关的图片，并配以朗读录音或背景音乐，使学生在观赏图片的同时，能感受到古诗文所描绘的美景和其中所蕴含的情感。

此外，教师还可以通过电子白板等工具，在课堂上现场演示古诗文的写作过程和创作技巧。教师可以使用电子笔在白板上书写古诗文的文字和注解，同时解释其中的意义和技巧。学生可以通过观察教师的白板演示，更好地理解古诗文的艺术特点和创作方法。

（二）设计互动课堂活动

利用多媒体技术，教师可以设计一些互动课堂活动，激发学生的参与度和兴趣。教师可以通过制作有趣的教学视频、小动画等，引导学生深入理解古诗文中的意境和寓意，同时设置相应的问题和任务，让学生在互动中进行积极思考和探索，增加教学的趣味性和互动性。

例如，学生在学习某首古诗时，教师可以制作一个短视频，将古诗文的背景故事和情感表达进行生动演绎。视频中可以有角色扮演、场景还原等元素，让学生仿佛身临其境地感受到古代的风俗和文化。随后，教师可以提出一些问题，引导学生思考和讨论古诗文中隐藏的哲理和情感，促进他们对文本的深入理解和思考。

此外，还可以设计一些小组活动，让学生合作完成一些创作性的任务。例如，分组选取一首自己喜欢的古诗，通过多媒体展示的形式，改编并演绎这首古诗的新版本。学生可以利用PPT、视频等工具，添加自己的创意元素和解读，形成一个有趣、富有个性的作品。在展示环节，每组学生都可以分享自己的作品，共同欣赏和评价，促进学生之间的互动交流和合作。

（三）使用虚拟实境技术让学生进行体验式学习

借助虚拟实境技术，可以为学生提供更加身临其境的学习体验。教师可以使用虚拟实境设备，让学生像穿越时空一样沉浸在古代文化的世界中，感受古诗文所描述的场景和情感。通过虚拟实境技术，能够增加学生对古代文化的感知和认知，提高教学的趣味性和互动性。

例如，在学习某首描写山水风景的古诗时，教师可以使用虚拟实境设备，让学生戴上VR眼镜，此时他们仿佛置身于真实的山水环境中。学生可以通过观察、听觉体验等方式，感受大自然的美景，同时倾听自然中传来的声音，如鸟鸣、泉水流淌等。这样的体验可以让学生更加深入地感受到古诗文所描绘的山水之美，加深对作品意境的理解和感受。

（四）开设在线学习平台

利用多媒体技术，可以开设在线学习平台，为学生提供自主学习的机会。教师可以在平台上上传古诗文的解读视频、配套教材和练习题等资源，让学生随时随地进行学习和复习，并设置互动交流的功能，增加学生之间的互动和合作，提高教学的趣味性和互动性。

在在线学习平台上，教师可以上传自己制作的古诗文解读视频，通过讲解和示范的形式，帮助学生更好地理解古诗文的内涵和艺术特点。同时，还可以上传一些配套的教材和练习题，供学生自主学习和巩固所学知识。此外，还可以设置讨论区或在线交流群组，学生可以在这里自由发言、互相答疑，促进相互之间的学习交流和合作学习。

（五）利用社交媒体进行交流和分享

通过社交媒体平台，可以激发学生的积极参与和分享的意愿。教师可以通过创建微信群、QQ群等社交媒体群组，邀请学生在群内交流古诗文学习经验，分享自己的创作心得。通过社交媒体的互动，让学生感受到古诗文教学的趣味性和互动性，提高他们的学习动力和参与度。

在社交媒体群组中，教师可以定期发布一些古诗文的解读和引导性问题，促使学生思考和回答。学生们可以在群组中分享自己对古诗文的理解和创作，在互动交流中相互借鉴和提升。教师也可以不定期发起一些有趣的活动，如古诗文创作比赛、朗诵比拼等，激发学生的创作热情和表达欲望。

四、评估专题教学效果，及时调整教学策略

（一）定期进行测验和考试

在专题教学活动结束后，可以进行相关的测验和考试，评估学生对古诗文的理解和掌握情况。通过定期的测验和考试，可以了解学生的学习进展和问题所在，及时调整教学策略，帮助学生提高学习效果。

测验和考试的形式可以是灵活多样的，如选择题、填空题、作文等，旨在全面评估学生的知识掌握和能力运用情况。同时，可以针对学生的不同层次和能力，设立适当的难度和题型，确保评估结果具有可操作性和有效性。

定期进行测验和考试不仅可以为学生提供一个检验和巩固知识的机会，也能培养学生的考试技能和应对考试的能力。同时，通过分析学生的测试成绩和错题情况，教师可以了解学生在古诗文学习中的疑点和难点，从而针对性地对他们进行指导和辅导。

（二）组织学习成果展示活动

组织学习成果展示活动，可以让学生展示自己在古诗文教学中的学习成果和收获。教师可以邀请学生进行演讲、朗诵、作品展示等形式的表达，让他们通过展示来检验自己在古诗文学习方面的成果，并向其他同学分享自己的学习经验和方法。

学习成果展示活动旨在激发学生的学习兴趣和自信心，使他们能够通过表达和展示来巩固知识和提高能力。同时，学生之间的交流和互动也可以促进彼此的学习和成长，激发出更多的创造和思考。

教师可以对学生的学习成果进行评价和鼓励，为他们提供积极的反馈和建议，以促进他们不断提高。此外，学习成果展示活动还可以促进学生之间的交流和合作，培养学生的团队合作和人际交往能力。

（三）进行学生反馈和问卷调查

通过学生反馈和问卷调查，收集学生对专题教学的意见和建议，了解他们对教学的满意度和教学效果的评价。根据学生的反馈和建议，及时调整教学策略，改进教学方法，以提高古诗文教学的针对性和趣味性。

学生反馈和问卷调查可以通过面对面的交流或在线形式进行，确保学生对教学内容、教学方法和教师的表现等方面都能够提出意见和建议。教师需要认真分析、总结和应对学生的反馈，及时改进和调整教学中存在的问题，以提升学生的学习体验和效果。

此外，教师还可以利用问卷调查的形式了解学生在学习过程中的喜好、困惑和需求，从而为个性化的教学提供指导和支持。通过学生反馈和问卷调查，教师能够更好地理解学生的学习需求，优化教学设计和实施。

（四）与家长进行沟通和交流

与学生的家长进行沟通和交流，了解他们对专题教学的看法和意见。通过学生家长的反馈和建议，可以更好地了解学生在家庭环境中的学习情况和需求，为学生提供更加个性化和有效的教学辅导。

教师可以定期组织家长会议或进行家访，与家长深入交流，了解他们对古诗文教学的期望和关注点。同时，教师可以向家长介绍专题教学的内容和目标，征求他们对教学方面的意见和建议，进而建立起家校合作的良好关系。

与家长的沟通和交流可以让他们更好地了解学生在古诗文学习中的表现和困难，共同关注学生的学习进展和发展需求。通过与家长的密切合作，教师可以为学生提供个性化的学习支持和辅导，从而提高古诗文教学的效果和质量。

（五）参加教学研讨和培训活动

教师可以积极参加相关的教学研讨和培训活动，了解最新的教学理念和方法，不断提升自己的教学水平和能力。通过与其他教师的交流和分享，可以获得更多的启发和经验，为古诗文教学提供更加专业和有效的指导。

教学研讨和培训活动可以通过学术会议、教师培训班、教研组会议等方式进行。在这些活动中，教师可以与其他教师共同探讨古诗文教学中的难点和挑战，交流有效的教学方法和策略。

通过参加教学研讨和培训活动，教师能够不断提高自己的教学能力和专业素养，将最新的教学理念和方法应用到古诗文教学中。同时，与其他教师的交流和合作也可以促进教师之间的互相学习和成长，进一步提升古诗文教学的质量和效果。

第七章　优化新课标下小学古诗文教学方法与策略

第一节　多元化的教学方法与策略选择

一、启发式教学法在古诗文教学中的应用

（一）引入问题启发学生思考

在古诗文教学中，教师可以通过提出问题引导学生进行思考。这种启发式教学方法可以激发学生的学习兴趣，促使他们主动参与，并从中探索和发现古诗文的内涵。

在教学过程中，教师可以选择与古诗文内容相关的问题或情境，让学生积极思考后进行回答。例如，在教学《静夜思》时，可以提问："诗人李白是如何通过描写月色和思乡之情来表达自己内心的呢？"这样的问题可以激发学生对古诗文的思考，引导他们深入理解和分析作品的意义和形式。

通过引入问题启发学生思考，教师可以培养学生的批判性思维和创造力。学生在思考问题的过程中，需要对古诗文进行深入的分析和解读，从而提高他们对古诗文的理解能力。

（二）情境创设激发学生的探究欲望

通过情境创设，将学生置于与古诗文作品相关的情境中，可以激发他们对古诗文的探究欲望。教师可以设计一些与古诗文情节相符的情境，让学生在情境中感受和体验古代文化，从而更好地理解和把握古诗文的意义和情感。

例如，在教学《登鹳雀楼》时，教师可以将学生带到一个具有雄伟建筑的场

所，让学生亲身感受登高所带来的视野和情感。通过这样的情境创设，学生能够更加深入地理解诗中所表达的壮丽情景和豪迈情感。

情境创设有助于激发学生的情感共鸣和文化体验，使他们对古诗文作品产生浓厚的兴趣和深入的思考。同时，情境创设也为学生提供了一个创造性思维和真实体验的空间，培养他们的创新能力和想象力。

（三）提供案例引发学生的分析思考

通过提供具体的案例，教师可以引发学生对古诗文进行深入的分析和思考。选择一些有代表性的古诗文作品，给学生提供相关的背景材料和分析要点，让他们通过对案例的分析来理解古诗文的内涵和形式。

在教学《杂诗》时，可以选择一首充满感性描写的古诗作为案例，例如杜牧的《秋夕》。教师可以为学生提供此诗作的背景和分析要点，引导学生分析其中的意象、修辞手法等方面的特点，并通过分析来理解诗作所表达的情感和主题。

通过提供案例引发学生的分析思考，教师能够培养学生的批判性思维和文学鉴赏能力。学生在分析案例的过程中，需要运用自己的知识和思维能力，对古诗文进行深入的思考和解读。

（四）开展角色扮演活动增强体验感

通过组织学生进行角色扮演活动，使他们能够亲身体验古代文化。教师可以为每个学生指定一个角色，并设计相应的情境和任务，让学生在扮演角色的过程中深入理解和体验其中的情感和思想。

在教学《两小儿辩日》时，可以让学生分别扮演孔子以及两个小孩，通过扮演和对话的方式来感受这则寓言的意义。通过角色扮演，学生可以更加深入地理解中国古人对自然现象的探求，以及古人独立思考、大胆质疑、追求真理的可贵精神。

通过以上的启发式教学方法，教师可以有效地激发学生的学习兴趣、探究欲望。这些方法能够让学生更加主动地参与到古诗文教学中，深入理解和把握其中的意义和价值。

二、合作学习法在古诗文教学中的运用

（一）小组合作学习促进同伴互助

小组合作学习是一种通过小组协作、共同完成学习任务的学习方式。在古诗文学习中，教师可以将学生分成小组，每个小组负责解读和分析一首古诗文作品，并在小组内进行讨论和交流。

通过小组合作学习，学生可以相互帮助和分享彼此的理解和观点。首先，学生可以在小组中共同探讨古诗文的意境和表达方式，互相启发和补充自己的观点。比如一位同学可能对某个诗句有独特的理解，而其他同学则能从他的思考角度得到新的启发。这样的互动就可以拓展学生的思维深度和广度，提高学习的质量。

其次，小组合作学习还可以促进同伴之间的互助。当一个同学遇到了困难或疑惑时，可以与小组内的其他同学交流并寻求帮助。其他同学也可以分享自己的理解和解读方法，为该同学解答疑惑。通过这种互助的形式，学生能够更好地理解和掌握古诗文知识，提高学习效果。

最后，小组合作学习还可以培养学生的团队合作精神和交流能力。在小组合作学习中，学生需要协调彼此的观点和意见，共同完成古诗文的解读和分析任务。通过与小组成员的讨论和协商，学生需要学会倾听、表达自己的观点，并在合作中相互理解和包容。这样的团队合作经验将对学生未来的工作和生活产生积极的影响。

（二）合作探究培养学生的学术研究能力

合作探究是一种通过小组共同参与学术研究的学习方式。在古诗文学习中，教师可以组织学生形成研究小组，每个小组选择一个古诗文主题，展开深入研究和探究，并最终呈现自己的研究成果。

通过合作探究，学生能够主动参与到古诗文的研究过程中，深入挖掘和探索背后的文化内涵和艺术特点。在研究小组中，学生可以共同搜集和整理相关的古诗文资料，进行综合分析和比较，探寻其中的共同点和差异性。学生也可以进一步拓展研究范围，与其他小组成员进行交流和合作，分享各自的研究成果。

合作探究不仅能够培养学生的学术研究能力，还能够培养学生的创新思维能

力和探索精神。在研究过程中,学生需要提出问题、构建假设,运用各种研究方法和技巧进行实证和验证。通过这样的过程,学生能够培养批判思维和科学精神,提高解决问题的能力和创新意识。

(三)合作演绎提高学生的表达能力

合作演绎是一种通过合作参与古诗文演绎的学习方式。教师可以组织学生分角色演绎古诗文作品,要求学生根据对古诗文的理解和创造进行演绎,并在演绎后进行交流。

通过合作演绎,学生能够更加深入地理解和感受古诗文的艺术魅力。在演绎的过程中,学生需要通过语言、表情和动作等方式将古诗文的意境和情感生动地表达出来。学生可以根据自己对古诗文的理解和创造,赋予角色更多的个性和内涵,使其演绎的作品更加生动和有趣。

合作演绎还可以培养学生的表达能力和团队协作精神。在演绎过程中,学生需要与其他同学密切合作,协商分工和彼此配合,共同呈现出一部完整的古诗文演绎作品。同时,在演绎过程中,学生也需要相互倾听和尊重,共同解决演绎中的问题和困难,培养团队意识和合作精神。

(四)合作评价促进学生互动

合作评价是一种通过学生之间的相互检查和评价来提高学习效果的学习方式。教师可以组织学生相互交换作品,并进行评价和指导,促使学生之间的互动和学习。

通过合作评价,学生能够更加全面地了解自己的学习效果。当学生将自己的作品交给其他同学评价时,可以获得来自不同角度的反馈和建议。当其他同学指出作品中存在的问题和改进的方向时,可以帮助该学生更好地提升学习效果。

合作评价还可以培养学生的批判性思维和自我评价能力。在评价他人作品的同时,学生需要表达自己的观点和理由,并给出具体的建议和改进方法。这样的评价过程能够培养学生的批判性思维和逻辑推理能力,提高他们对自己学习效果的认知和评价水平。

通过以上四种合作学习方式,可以有效促进学生在古诗文学习中的互助、研究、表达和评价能力的发展。教师在实施这些学习方式时,应合理分配学生小组并给他们提供适当的指导和引导，使学生在合作学习中获得更多的收获和成长。

三、问答式教学法在古诗文教学中的实施

（一）提问激发学生思考

在古诗文教学中，教师可以通过提问来引导学生进行深入思考。提问是激发学生主动思考和参与的有效方式。教师可以提出开放性的问题，让学生自由发挥思维，探索古诗文的内涵和美学特点。例如，在教授《登鹳雀楼》时，可以问学生："诗人通过描绘鹳雀楼的景色和景物，想要表达什么样的情感和主题？"通过这样的提问，可以引导学生从不同角度进行思考，深入解读古诗文作品，培养其独立思考和分析问题的能力。

（二）鼓励学生提问并回答疑惑

学生提问是学习的驱动力之一，也是学生思维发展的重要体现。在古诗文教学中，教师应建立一个安全和互助的学习氛围，鼓励学生勇于提问。当学生提出问题时，教师应认真倾听，并给予鼓励和正确的引导，及时回答学生的疑惑。同时，教师也可以引导其他学生参与回答，促进学生之间知识的共享和交流。

（三）分级问题逐步深入

为了让学生逐步深入理解和掌握古诗文的知识，教师可以设计分级问题，帮助学生逐步提高对古诗文的理解和解读能力。比如，教师可以从基础知识出发，提出一些简单的问题，引导学生回忆和重述文本内容。随着教学的进行，教师可以逐渐提出更复杂、深入的问题，引导学生进行分析和推理。通过这样的分级问题，学生可以逐步深入地理解古诗文的内涵和艺术特点，提高对古诗文的理解和欣赏水平。

（四）组织小组合作讨论

为了促进学生对古诗文的深入思考和交流，教师可以组织小组合作讨论活动。在小组内，学生可以相互交流和分享对古诗文的理解和感受，共同解决问题和疑惑，并形成全面的认识。教师可以设计一些开放性问题，让学生在小组内进行讨论和探究。通过小组合作讨论，学生可以从不同的角度和思维方式出发，拓展自己的思维空间，以此培养批判性思维和团队合作能力。

（五）利用技术手段辅助问答

在现代教学中，教师还可以借助技术手段来辅助问答式教学。例如，可以利用电子白板、投影仪或在线教学平台等工具，以多媒体形式展示问题，并让学生通过电子设备回答问题。这样可以增加教学过程中的互动性和趣味性，激发学生的学习兴趣和积极性。同时，教师也可以利用在线讨论平台或社交媒体，开展线上问答活动，促进学生之间的交流与合作。

通过以上问答式教学的实施，可以激发学生对古诗文的思考和探究，提高其对古诗文的理解能力和欣赏水平。教师应根据学生的不同特点和需求，灵活运用问答式教学，激发学生的学习兴趣和主动性，推动古诗文教学的有效进行。

四、讨论式教学法在古诗文教学中的有效性

（一）针对性讨论引发思辨

通过组织讨论，可以引导学生针对特定的问题或情境展开思辨，帮助他们从多个角度去理解和解读古诗文的意义和形式。教师可以提供一些讨论话题，让学生在讨论中发表自己的观点，并与他人进行交流和互动。

在古诗文教学中，教师可以选择一首具有争议性或内容较深的作品，例如《两小儿辩日》，并提出一个问题："为什么早晨的太阳看起来大，但是气温却低，中午的太阳看起来小，但是，气温却高呢？"然后组织学生对问题进行讨论，通过各种观点和看法的交流，激发学生的思辨能力，让他们能够从不同的角度和层面去思考和理解这首诗。

针对性讨论能够激发学生的主动参与和思考能力，培养他们的批判性思维和分析能力。这是因为，学生在讨论过程中，需要仔细聆听他人观点、思考问题的不同侧面，从而逐渐形成自己对古诗文的理解。

（二）促进学生批判性思维的发展

在讨论过程中，教师可以提出一些具有挑战性的问题，从而激发学生的批判性思维。通过针对问题的分析和辩论，学生可以从不同的角度去思考和评价古诗文，培养他们的批判性思维和判断能力。

例如，在教学《静夜思》时，教师可以提出这样一个问题："你认为这首诗

中的静寂与孤独是积极的情感表达还是消极的情感表达？"然后引导学生展开讨论。针对这个问题，学生可以从诗人的写作意图、诗中所描绘的场景和情感等方面进行分析和评价。

通过这样的讨论，学生不仅能够深入思考古诗文的主题和意义，还能够提高逻辑思维和论述能力。因为在讨论的过程中，他们需要从中提取有效的论据和证据来支持自己的观点，并通过合理的论证来进行辩论和反驳。

（三）引导学生寻找证据支持观点

在讨论中，教师可以引导学生寻找古诗文中的具体细节和语言表达，作为支持自己观点的证据。学生可以通过查找文本、提取示例等方式收集证据，并在讨论中展示和解释，增加自己观点的可信度和说服力。

例如，在讨论《登鹳雀楼》时，教师可以要求学生找出诗中描写建筑的具体语言表达或形象描绘，并通过这些证据来说明诗人对该建筑的独特感受和审美情趣。学生可以通过分析文本中的形容词、比喻和修辞手法等，来支持自己关于诗中建筑物意象的观点。

引导学生寻找证据不仅能够加深他们对古诗文的理解，还能培养他们的文本解读的能力和批判性思维。通过寻找具体的证据，学生需要仔细观察和解析文本，从中提取线索和信息，形成自己的论证和分析。

（四）组织角色扮演讨论，加深对古诗文的理解

通过组织角色扮演讨论，学生可以更深入地理解和感受古诗文作品。教师可以为每个学生分配一个角色，并设计相应的情境和任务，让学生在扮演的过程中深入思考和交流，以达到更好的学习效果。

角色扮演讨论能够激发学生的情感共鸣，帮助他们真实地感受古代人物的思想和情感。同时，角色扮演讨论也能够培养学生的表达能力和团队合作意识，促进学生之间的互动和交流。

综上所述，讨论式教学法在古诗文教学中具有较高的有效性。通过激发学生的思辨能力、培养其批判性思维、引导寻找证据支持观点以及组织角色扮演讨论等方式，可以提高学生的学习兴趣和参与度，培养他们的思维能力和文学鉴赏能力，以及形成独立思考和表达观点的能力。这种讨论式的教学方法能够帮助学生

更全面地理解和欣赏古诗文作品。

第二节 创设情境，激发学生的学习兴趣和参与度

一、情景模拟法在古诗文教学中的应用

（一）创设历史背景的情境

在古诗文教学中，通过创设历史背景的情境可以帮助学生更好地理解和感受古代的社会环境。例如，在教授杜甫的《闻官军收河南河北》时，教师可以让学生充当爱国诗人杜甫，体验他在安史之乱结束，听到这则胜利消息之后手舞足蹈，欣喜若狂的心情。通过这样的情境创设，学生可以更加深入地理解古代文化背景对于古诗文创作的影响。

教师可以设计相关的角色扮演活动，让学生通过角色扮演的方式，亲身经历古代社会的场景和氛围。可以设置一些情节，要求学生根据自己所扮演的角色，展示诗人在特定历史背景下的思考和感悟。这样的情境创设可以激发学生对古代文化和古诗文的兴趣，使他们更加主动地探索和学习。

（二）模拟文人雅集的情境

古代文人雅集是诗词创作和交流的重要场所，通过模拟文人雅集的情境，可以激发学生对古诗文的学习兴趣和参与度。教师可以组织学生在课堂上扮演古代文人，相互朗诵、赋诗或讨论诗词创作的技巧和心得。

在模拟文人雅集的情境中，教师可以设立一些情景，要求学生在角色扮演中进行互动和交流。例如，学生可以分成小组，各自扮演不同的文人角色，在雅集中展示自己的诗作，并进行互相评价和讨论。通过这样的活动，学生可以深入了解古代雅集的特点和文人之间的交流方式，加深了对文人的了解，并进一步提高自己的写作能力和文学修养。

（三）重现古代文化活动的情境

古代文化活动如舞蹈、乐曲演奏等也可以作为情境创设的一部分，帮助学生更好地理解古代文化和古诗文的内涵。例如，在教授《夜泊牛渚怀古》时，可以

让学生学习古代的舞蹈形式并进行展示,通过身临其境地感受古代文化的魅力,提高学生对古诗文的兴趣和理解。

教师可以引导学生参观相关的古代文化活动或展示,了解古代音乐、舞蹈等艺术形式,并鼓励学生尝试模仿和表演。教师可以将古代文化活动与古诗文的学习相结合,让学生亲身体验古代文化的魅力,感受其中所包含的情感与意境。通过这样的情境创设,学生能够更加深入地理解古代文化对古诗文的影响,提高他们对古诗文的欣赏和理解能力。

(四)模拟古代诗人的创作过程

通过模拟古代诗人的创作过程,可以让学生更加深入地了解古诗文的艺术特点和创作技巧。教师可以设置练笔环节,让学生在课堂上仿写古代诗词,体验古代诗人的创作情境和思维方式。

教师可以先给学生介绍一首古诗文作品的背景和特点,然后要求学生运用自己的创造力和想象力进行仿写。学生可以在教师的指导下学习古代诗词的写作技巧和表达方法,并逐步培养自己的创作能力。通过这样的情境创设,学生可以提高自己的创作能力和文学素养,同时也能够更好地理解和欣赏古诗文作品。

(五)通过艺术表演形式展示古诗文

艺术表演是一种生动形象地展示古诗文的方式,通过创设艺术表演的情境,可以激发学生的学习兴趣和创造力。教师可以引导学生进行舞蹈、戏曲、音乐等形式的艺术表演,将古诗文中的意境和情感通过身体语言和音乐表演表达出来。

在艺术表演的情境中,学生可以根据自己对古诗文的理解和感受,以舞蹈、表演、音乐等艺术形式进行创作和呈现。比如,可以分组或个人表演,通过舞蹈动作、表情和音乐的配合,将古诗文中蕴含的情感和意境具象化。这样的情境创设不仅能够提高学生对古诗文的理解和欣赏能力,还可以培养学生的艺术素养和语言表达能力。

通过以上几种情境创设的应用,可以帮助学生更加深入地了解和感受古诗文的内涵和艺术魅力。教师在实施情境创设时,应根据具体的课程内容和学生的特点,合理选择和设计情境,以达到提高学生学习兴趣和学习效果的目的。

二、角色扮演法在古诗文教学中的运用

（一）学生扮演古代文人

角色扮演法可以帮助学生深入了解古代文人的思想、情感和创作背景，让学生更好地理解和感受角色的喜怒哀乐，更好地体会作品所要表达的情感或主旨，从而领略古诗文的艺术魅力。比如教师可以让一名学生选择一个古代文人的形象，进行角色扮演和表演。学生通过模仿古代文人的行为举止、朗诵古诗、讲述古代文人的故事等方式，深入体验古代文人的生活和创作情境。

例如，在教授杜甫的诗作时，学生可以选择扮演杜甫，并通过深入研究他的生平经历、思想观点和写作风格等方面，真实还原杜甫的形象和精神面貌。学生可以在角色扮演中模仿杜甫的行为、语调和情感，将他的诗作以生动的表演形式展示给其他同学。通过这样的角色扮演，学生可以更加深入地理解和欣赏杜甫的诗作，同时也能够激发和培养他们对古代文人的兴趣和探索精神。

（二）学生扮演古代诗人的作品

通过角色扮演古代诗人的作品，可以帮助学生更好地理解和体验古诗文的意境和情感。教师可以指导学生选择一首喜欢的古诗文作品，并进行角色扮演。学生可以通过模仿古代诗人的语调、表情和语言特点等方式，将诗歌中的意义和情感通过表演传达出来，从而进一步深入理解和欣赏古诗文的美。

例如，在教授李白的《静夜思》时，学生可以选择扮演李白，并通过扮演李白的方式，将诗中描绘的思乡之情真实地表达出来。比如用诗歌朗诵或舞台表演等形式，学生通过模仿李白的语调和表情，将诗歌中的意境和情感进行呈现。通过角色扮演，学生可以更加深入体会李白的创作意图和情感表达，同时也能够提高对古代诗歌的审美和欣赏能力。

（三）学生扮演古代历史人物

古代诗词常常涉及一些历史人物或传说故事，通过角色扮演这些古代故事人物，可以帮助学生更加深入地理解和感受古代文化的底蕴和内涵。教师可以组织学生选择一个古代故事人物的形象，进行角色扮演和表演。学生可以通过模仿古代人物的台词、动作和表情等方式，将古代故事的情节和意义呈现出来，增加学

生对古代文化的兴趣和理解。

（四）学生扮演现代人与古代人的对话

通过扮演现代人与古代人，并进行二者之间的对话，可以让学生思考和比较古代与现代的差异和相互的联系。教师可以设计一些对话情境，让学生以现代人的身份与古代人进行对话，以此种方式探讨古诗文在现代社会的意义和价值。通过这样的角色扮演，学生就可以更加深入地理解古诗文的时代背景和主题内涵，并将其与现实生活进行联系和思考。

例如，在教授王之涣的《登鹳雀楼》时，教师可以设计一个这样的对话情境：让学生扮演现代研究者与古代诗人王之涣进行对话。学生可以通过角色扮演的方式，提出现代人的观点和问题，然后再以王之涣的身份回应和回答。这样的对话可以帮助学生思考古诗文在不同时期的意义和影响，同时也能够促进学生对古代文化的理解和思考。

（五）学生自行构建角色及情境

为了激发学生的创造力和想象力，教师可以鼓励学生自行构建角色及情境，并进行角色扮演和表演。学生可以选择一个自己喜欢的古诗文作品，自行设计角色，创造情境，并进行演绎。这样的角色扮演可以让学生充分发挥创造力和想象力，提高对古诗文的理解和表达能力。

例如，学生可以选择一首关于自然景物的古诗作品，通过角色扮演的方式，将自然景物中的元素和作者的情感展现出来。比如学生可以自行设计一个"山"或"水"的角色，并以这个角色的身份进行表演。通过改变语言、行为和表情等方式，将自然景物的美感和意境通过表演传递出来，增加观众对古诗文的理解和共鸣。

通过以上角色扮演法的运用，学生可以身临其境地理解和感受古诗文的内涵和美学价值。角色扮演法不仅能够激发学生的想象力和学习主动性，还能够促进学生对古代文化和人物的深入了解，培养学生的表达能力和创造力。因此，教师应根据学生的特点和需求，巧妙运用角色扮演法，使古诗文教学更加生动有趣，提高学生的学习积极性，促进他们对古诗文学习的深度参与。

三、实地教学法在古诗文教学中的实施

（一）参观古代文化遗址

通过参观古代文化遗址，可以帮助学生更好地了解古代文化和古诗文的产生背景。教师可以组织学生参观古代文化遗址，如古代建筑、书院、墓葬等，让学生亲身体验和感受古代文化的魅力。通过实地教学，学生可以更加深入地了解古代文化的历史意义和艺术价值，从而更好地理解和欣赏古诗文。

在参观古代文化遗址时，教师可以带领并引导学生通过观察，古代建筑的构造，了解其风格特点，了解书院的学习环境和古代知识传授方式，了解墓葬中所蕴含的古代人对生命和死亡的思考，等等。学生通过亲身接触和参与，可以更加深入地感受古代文化的独特魅力，从而更好地理解和欣赏古诗文的内涵和风格。

（二）参观文化艺术馆或博物馆

文化艺术馆或博物馆中常常陈列有与古诗文相关的文物和艺术品，通过参观这些场所，可以帮助学生更加直观地了解古代文化和古诗文的内涵。教师可以组织学生参观相关的文化艺术馆或博物馆，引导他们仔细观察和思考展出的古代文物和艺术品。通过实地观察和互动，学生可以更加深入地了解古代文化的形态和表现方式，从而进一步提高他们对古诗文的理解和欣赏水平。

在参观文化艺术馆或博物馆时，教师可以为学生设计一些观察任务，例如让学生选择自己感兴趣的展品进行详细观察和记录，或是要求学生解读某幅古代绘画作品所要表达的意境等。通过这样的任务，学生不仅能够更加专注地观察文物和艺术品，还能够锻炼自己的观察和思考能力，进一步加深对古代文化和古诗文的理解。

（三）进行户外写生活动

通过户外写生活动，可以让学生亲自感受自然环境，并将所见所闻转化为古诗文创作的素材。教师可以组织学生外出进行写生活动，如走进大自然、走进农田或古镇等，让学生观察和感受自然风光、人文景观，激发他们的想象力和创造力。学生可以根据所见所闻进行写生创作，将自己的感受和体验通过为古诗文的方式表达出来，提高自己的写作能力和文学修养。

在开展户外写生活动中，教师可以引导学生仔细观察和记录所见所闻，例如要求学生画下自然景色、描绘身边的人物、记录当地的民俗风情等。学生可以通过观察和记录，深入了解自然和人文环境的特点，进一步丰富自己对古代文化和古诗文的理解。同时，学生在创作古诗文的过程中，也能够培养自己的表达力和想象力，提高对古诗文的欣赏和创作能力。

（四）参加传统的文化活动

参加传统的文化活动是了解和体验古代文化的重要途径之一。教师可以组织学生参加一些与古代文化相关的传统活动，如端午节龙舟比赛、中秋节赏月等，让学生亲身参与并感受其中的文化内涵和情感体验。通过亲身经历，学生可以更加深入地理解古代文化的价值和意义，从而对古诗文有更加深刻的理解和领悟。

在参加传统的文化活动时，教师可以引导学生了解这些文化活动的来历、意义以及一些与之相关的古代文学作品。例如，在临近过年时，教师可以讲解中国传统节日除夕的知识，引导学生欣赏和理解王安石的《元日》。通过亲身参与和了解相关的文化背景，学生能够更加深入地理解古代文化和古诗文的内涵，进一步提高自己的文学鉴赏能力。

四、游戏化教学法在古诗文教学中的有效性

（一）组织古诗文知识竞赛游戏

通过组织古诗文知识竞赛游戏，可以激发学生对古诗文知识的兴趣和参与的积极性。为此，教师可以设计一些有趣的竞赛游戏，如抢答、填词、连诗等，让学生在游戏中学习和巩固所学的古诗文的知识。这样的游戏化教学方式不仅能够提高学生的学习动力和参与度，还能够加强他们对古诗文知识的记忆和理解。

为了收到良好的效果，教师可以根据学生的年级和知识掌握程度设置不同难度的竞赛题目，在游戏中通过问答形式为学生讲解古诗文的背景、作者、创作意图等相关知识。同时，也可以设计一些互动环节，让学生在竞赛中进行团队协作，以共同解决问题，进一步培养学生的合作精神和团队意识。

（二）情境式的角色扮演游戏

通过情境式的角色扮演游戏，可以让学生更加深入地了解和体验古诗文的情

境和内涵。教师可以组织学生进行情境角色扮演游戏，让学生根据古诗文的背景和内容，扮演其中的角色并进行表演。通过这种游戏化教学的方式，学生可以更好地理解古代文化和古诗文的艺术特点，增强他们对古诗文的兴趣和理解。

教师可以为学生提供一些经典古诗文的片段或情节，让学生根据自己对这些作品的理解，进行角色扮演和表演。可以设计一些互动环节，鼓励学生在游戏中运用适当的语言、动作和表情，模拟古代文人的思维和情感表达方式。通过这样的情境创设，学生可以更加深入地理解古诗文中的意境和情感，并培养他们的语言表达能力和艺术修养。

（三）创作的游戏化教学

通过创作的游戏化教学，可以培养学生的创造力和思维能力，同时也可以提高他们对古诗文的欣赏和理解能力。教师可以设计一些创作游戏，例如填词接龙、写诗对战等，让学生在游戏中进行古诗文的创作和交流。这样的游戏化教学方式不仅能够激发学生的创作热情，还能够提高他们的语言表达能力和文学素养。

教师可以为学生提供一些古诗文的框架或关键词，让学生在游戏中进行即兴创作。为了提高创作教学的效果，可以为学生设置一定的时间限制和规则，鼓励他们展示自己的创作才能，在创作完成后，可以同学们的作品进行比较和评选。通过这样的游戏化创作，可以让学生在轻松愉快的氛围中锻炼自己的想象力和表达能力，同时也能够加深他们对古诗文创作技巧的理解。

（四）探索解谜游戏

通过开展探索解谜游戏，可以锻炼学生的思维能力和分析能力，提高他们对古诗文的理解和解读水平。比如教师可以让学生根据给定的线索和提示，来解读诗句的意义和内涵。通过游戏化教学的方式，学生可以积极参与进来，主动思考和探索，从而更好地理解和欣赏古诗文的表达和艺术价值。

教师可以为学生准备一些古诗文的谜题，要求学生根据谜题中的提示，分析和解读诗句的意义和表达方式。也可以设置一些互动环节，让学生在小组内合作进行解谜，并与小组内其他同学进行分享。通过这样的游戏化教学方式，不仅能够提高学生问题解决能力和批判性思维能力，还能够深入理解古诗文作品中的文化内涵和艺术形式。

通过以上几种游戏化教学方法的应用，可以有效地激发学生对古诗文的兴趣和学习动力，提高他们的学习效果和学习体验。教师在设计游戏化教学活动时，应注意合理安排游戏的难度和时间，关注学生的参与度和学习成果，以确保游戏化教学的有效性和学习效果。

五、个性化教学法在古诗文教学中的探索

（一）灵活的教学内容安排

个性化教学法在古诗文教学中的探索，首先应体现在教学内容的灵活安排上。教师可以根据学生的兴趣、能力和需求，提供多样化的古诗文选择。例如，在进行唐诗教学时，教师可以提供一系列不同主题、不同风格的唐诗，让学生根据自己的喜好和兴趣进行选择。这样的灵活安排有助于激发学生的学习兴趣和积极性，同时也能够满足不同学生的学习需求。

此外，在教学过程中，教师可以根据学生的表现和反馈，及时调整教学内容和方式。如果某个学生对某首诗的理解较困难，教师可以针对性地添加相关解读材料或进行举例说明，帮助学生更好地理解和掌握诗歌的意境和内涵。通过灵活的教学内容安排，能够满足不同学生的学习需求，使每一个学生都能够找到适合自己的学习内容和方式，提高他们学习效果和满意度。

（二）个性化的学习支持和辅导

个性化教学法在古诗文教学中的另一个重要方面是提供个性化的学习支持和辅导。教师应根据学生的学习进展和问题所在，为他们提供针对性的帮助和指导，以满足不同学生的学习需求。

例如，对于阅读理解存在困难的学生，教师可以提供适当的阅读策略和技巧，如主题思维导图、关键词标注等，帮助学生更好地理解和分析古诗文的内容和意义。对于写作能力较弱的学生，教师可以提供写作指导和范文参考，引导学生进行写作，提升写作表达能力。通过个性化的学习支持和辅导，能够为学生提供针对性的帮助和指导，帮助他们克服学习困难，提高学习效果和自信心。

（三）多样化的评价方式

个性化教学大都强调多样化的评价方式，在古诗文教学中也同样如此。比如

教师可以采用多种评价方式，如书面作业评价、口头表达评价、课堂互动评价等，以全面了解学生的学习情况和能力发展。

例如，在进行口头表达评价时，教师可以组织学生进行古诗文朗诵或角色扮演，通过学生的表演和发言，评估其对古诗文的理解和表达水平。在书面作业评价时，教师可以让学生撰写读后感、意象描写等，通过阅读和分析学生的作品，评价其对古诗文的理解和创造力。通过多样化的评价方式，教师可以更加准确地了解学生的学习情况，为学生提供个性化的反馈和指导，促进其全面发展。

（四）合作学习和个人学习的结合

个性化教学法强调合作学习和个人学习的结合，在古诗文教学中也可以运用这种方式。教师可以设计合作学习的任务和活动，让学生通过小组合作、伙伴互助等方式，共同探讨、解读和创作古诗文。这样的合作学习方式可以激发学生的思维和创造力，培养他们的合作意识和团队精神。

同时，个性化教学也要注重个人学习的培养。教师可以鼓励学生进行个人阅读和思考，培养其自主学习能力。学生可以选择一首自己感兴趣的古诗文进行深入研究，通过写读后感、开展研究报告等方式，展示和分享自己的学习成果。通过合作学习和个人学习相结合的方式，可以促进学生之间的交流与合作，培养学生学习的自主性和主动性。

在古诗文教学中，个性化教学法的探索是为了更好地满足学生的学习需求，激发学生的学习兴趣和积极性，提高他们的学习效果和满意度。因此，教师应灵活安排教学内容，采用多样化的评价方式，结合合作学习和个人学习，实施个性化教学，为学生提供个性化的学习支持和辅导，使古诗文教学更加有效和有针对性。

第八章　新课标下小学古诗文教学评价与反馈

第一节　建立科学有效的古诗文教学评价体系

一、制定古诗文教学评价的指标体系

（一）明确古诗文教学目标

古诗文教学的目标是培养学生的文学素养、语言表达能力和审美情趣。具体而言，古诗文教学的目标主要包括以下内容和层次：

1. 培养学生对古代文学的基本了解

学生需要通过学习古诗文，了解中国古代文学的基本发展历程、代表性作品和重要文学流派，掌握古代文学的基础知识。

2. 培养学生对古诗文的阅读理解能力

学生能够准确理解古诗文的字面意义，把握作者的意图和情感表达，理解古诗文背后的文化内涵和思想境界。

3. 培养学生对古诗文的赏析能力

学生需要通过学习和欣赏古诗文，培养对古代文学艺术特点的鉴赏能力，理解和欣赏诗歌的韵律、意象、修辞手法等方面的艺术价值。

4. 培养学生对古代文学作品的独立思考和创造能力

学生应该通过对古诗文的学习和思考，培养自己独立思考问题、表达观点的能力，培养创造性思维，提高自己的文学表达能力。

5. 培养学生对古代文化的认同和理解

学生需要通过学习古诗文，加深对中国传统文化的认同和理解，感受古代文化的独特魅力，培养对传统文化的保护和传承意识。

6.培养学生的审美情趣和人文素养

学生应该通过学习和欣赏古诗文，培养自己的审美情趣，提高自己的人文素养，培养对美的敏锐感知力，提升自己的审美品位。

（二）确定知识技能指标

在古诗文教学评价体系中，教师应设置相应的知识技能指标，以便更好地对学生掌握古诗文的情况进行评价。具体可以设立以下知识技能指标：

1.古诗文基本知识的掌握情况

学生需要掌握古诗文的基本概念和术语，了解古诗文的发展历史、流派特点等。

2.古诗文的阅读与理解

学生需要具备对古诗文进行准确、深入理解的能力，包括理解古文的意义、掌握古文的独特语言特点等。

3.古诗文的鉴赏能力

学生应该能够对古诗文进行审美鉴赏，包括对古文的韵律、意象、修辞手法等进行分析和评价。

4.古诗文的创作能力

学生需要具备一定的古诗文创作能力，能够通过写作表达自己对古文的理解和感悟。

5.古诗文的评判能力

学生应该有一定的文学批评能力，能够对古诗文进行批判性思考，能够发表自己独特的见解和观点。

（三）考虑情感态度指标

古诗文作为中国传统文化的重要组成部分，具有独特的情感价值。在评价体系中，应考虑学生对古诗文的情感态度，包括对古代文化的认同和理解、对文学作品的欣赏与表达等。具体可以设立以下情感态度指标：

1.对古代文化的认同与理解

学生应该具备对古代文化的认同和理解，尊重古代文化的传统和价值观。

2. 对文学作品的欣赏与表达

学生应该培养自己对文学作品的欣赏和鉴赏能力，通过恰当的表达方式传达出对文学作品的理解。

3. 培养良好的文化品格和价值观

学生需要通过学习古诗文，培养积极向上的情感态度，增强自己对美的追求，培养善良的品格，建立理想的人生观、价值观。

建立科学有效的古诗文教学评价体系需要明确古诗文教学的目标，确定知识技能指标，并考虑情感态度指标，以确保全面评价学生在古诗文教学中的发展。这样的评价体系将有助于促进学生的综合发展，提高他们对古代文学作品的理解和欣赏能力，培养审美情趣和人文素养。

二、设计多样化的评价方式和工具

（一）阅读测试

阅读测试是评估学生对古诗文的理解程度、语言表达能力等素养的重要手段之一。可以通过以下方式进行阅读测试：

1. 选择题

设计一些与古诗文内容相关的选择题，考查学生对文本的基本理解能力。例如，提问古诗文的作者、写作背景、主题思想等。

2. 填空

设计一些填空题，要求学生根据上下文或字词的提示来完善句子，这样就可以考查学生对古诗文的整体理解能力和对词义的准确把握能力。

3. 判断题

设计一些判断题，考查学生对古诗文中论述事实和观点的判断能力。通过这种方式可以测试学生对于古诗文内容的理解深度。

通过以上形式的阅读测试，可以全面评估学生对古诗文的阅读理解能力和文学素养水平。

（二）作品创作评价

作品创作评价是鼓励学生通过写作、诗歌创作等方式表达对古诗文的理解和感悟，以此来评价其创造力、表达能力和对古诗文形式和韵律的把握能力。具体的评价方式如下：

1. 写作评价

要求学生以古诗文为素材，创作相关的故事、文章或小说。通过阅读和分析古诗文，学生可以更好地理解文本中蕴含的思想与情感，并用自己的语言进行表达。

2. 诗歌创作评价

鼓励学生根据古诗文的题材、意境和韵律特点，进行诗歌创作。学生可以通过创作诗歌来展示自己对古诗文的理解和感悟，体现个人的创造力和艺术表达能力。通过作品创作评价，可以更好地激发学生对古诗文的兴趣和创作热情，同时也能够培养学生的文学素养和审美能力。

（三）口头表达评价

口头表达评价是通过学生的口头语言来评估其对古诗文的理解和表达能力的一种评价。口头表达评价具体的评价方式如下：

1. 朗诵评价

要求学生选择一首古诗文进行朗诵，通过准确的语音语调、抑扬顿挫来再现原作的意境和情感，展示学生对古诗文的理解和表达能力。

2. 讲解评价

鼓励学生选择一首（篇）自己喜爱的古诗文，对其进行详细的讲解。学生可以通过解读词句、分析意境和修辞手法等方式，向同学们展示对古诗文的深入理解和思考。

3. 演讲评价

组织学生开展与古诗文主题相关的演讲比赛。通过演讲，学生可以全面地表达对古诗文的理解和感悟，展示其扎实的文学功底和逻辑思维能力。

通过口头表达评价，学生可以全面了解学生对古诗文的认识和理解程度，同时也能培养学生的表达能力和演讲技巧。

（四）综合评价

综合评价是将学生在古诗文阅读、作品创作、口头表达等方面的表现进行综合考量，以全面把握学生的整体水平。具体的评价方式如下：

1. 定量评价

通过对学生在阅读测试、作品创作等方面所得分数的统计和比较，得出学生在不同方面的优势和改进点。可以采用百分制、等级制等方式来评定学生的成绩。

2. 定性评价

除了定量评价，也应重视对学生的定性评价。可以通过教师的综合观察和评估，对学生的阅读兴趣、创造力、思维能力等方面进行综合评价。

通过综合评价，可以全面了解学生在古诗文学习中的优势和不足，并为学生提供个性化的学习指导和支持，促进其全面发展和提高学习水平。

三、提供具体明确的评价标准和评价规范

（一）明确评价标准

为了对学生的古诗文学习能力进行评价，需要制定明确的评价标准。这些标准应该包含以下几个方面：

1. 古诗文知识的掌握程度

评估学生对古代诗歌、散文等文学作品的掌握情况，包括对于作品内容、作者及其时代背景的理解、对于关键词汇的解读等。可以根据学生不同的年级和不同的学习阶段，设置相应的考查要求。

2. 文学鉴赏能力

考查学生对古代文学作品的感知和鉴赏能力，包括对作品内涵、主题思想、风格特点以及修辞手法的理解和分析，可以通过阅读理解题、作文等方式进行评价。

3. 语言表达能力

评估学生在古诗文表达方面的能力，包括写作和口头表达。考查学生在使用古代文学语言进行创作和表达时的准确性、清晰度以及表达能力的独特性。

针对每个评价指标，可以设定相应的分值或等级，以便进行定量或定性的评价和排名。评价标准的制定应充分考虑学科的特点和学生的发展阶段，确保评价

的科学性和准确性。

（二）建立评价规范

为了保证评价过程的公正性和客观性，需要建立评价规范，明确评价的操作步骤和要求。以下是一些建议的评价规范：

1. 评价方式

可以采用综合性考试、课堂表现评价、作业评价等多种方式，从不同角度全面评估学生的古诗文学习能力。

2. 评价时间

要确保评价时间的合理性和充分性，避免长时间评价的影响和焦虑感的产生。可进行适当分阶段的评价安排，以便对学生的学习态势进行全面观察和评价。

3. 评价人员的资格要求

评价人员应具备古诗文知识领域的专业知识和评价技能，如古代文学知识、文学鉴赏经验等，而且还应为评价人员提供相应的培训和指导，以确保评价结果的客观性和可靠性。

通过建立评价规范，能够使评价过程更加合理化、准确化，为学生提供一个良性竞争的环境。

（三）考虑个体差异

在制定评价标准和规范时，应充分考虑学生的个体差异，尊重每个学生的特长和能力。古诗文学习是一项综合性活动，学生在不同方面可能有不同的优势和劣势。因此，在评价体系中应注重让学生得到全面发展，并避免过分强调成绩和排名的弊端。

除了对学生整体能力进行评价外，还应关注发现和培养学生的潜能。通过评价结果向学生和家长提供个性化的指导意见，帮助他们更好地发展自己的古诗文能力。个别辅导或讨论时间可以与学生和家长面对面交流，回答他们的疑问，并为他们提供具体的学习指导意见。

（四）及时反馈

评价结果的及时反馈对于学生的学习和提高非常重要。学生和家长需要及时了解自己的评价结果，以便针对性地进行进一步的学习和提高。评价结果可以通过评语、家长会、个别辅导等方式进行反馈。

通过与学生家长的密切沟通，及时对学生的学习情况进行反馈，帮助学生了解自己的不足，并为他们提供具体的改进意见和学习方法，激发学生的学习动力，让他们在古诗文学习中取得更好的成绩。

（五）透明公开

评价过程的透明公开是确保公正评价的重要保障。学生和家长应该充分了解评价的标准和程序，避免评价过程中的不公正现象发生。为实现透明公开，教师可以采取以下措施：

1. 评价标准和规范的介绍

在评价前向学生和家长详细介绍评价标准和规范，让他们对评价过程有一个清晰的认识和理解。

2. 评价结果的公示

将评价结果向学生和家长公示，让他们了解自己在班级和学校中的排名，并借此激发学生的积极性和主动性。

通过透明公开的方式，可以使评价过程更加公正、公平，促进学生的全面发展。

四、注重将综合性评价和过程性评价相结合

（一）综合性评价

综合性评价是对学生在古诗文教学中的综合表现进行评估，可以从多个方面对学生进行全面评价。应避免过分强调某一方面的成绩，注重学生的整体发展。具体可以采取以下措施：

1. 古诗文阅读能力评价

评估学生对古诗文的阅读理解能力，包括准确理解古诗文的意义、把握作者意图和情感表达等方面的能力。

2. 古诗文写作能力评价

评估学生的古诗文写作能力，包括古诗、散文等不同文体的写作能力。

3. 口头表达能力评价

评估学生对古诗文的口头表达能力，包括演讲、朗诵、讲解等方面的能力。

4. 课堂参与和合作评价

评估学生在古诗文课堂上的参与表现和合作精神，包括提问、回答问题、与他人合作等方面。

5. 创新能力评价

评估学生对古诗文的创新能力，包括自主思考、批判性思维和创造性思维等方面的能力。

（二）过程性评价

过程性评价是注重对学生学习过程的评价，而非只关注最后的结果。通过观察学生的学习态度、学习方法、学习习惯等方面的表现，评估学生的学习态度和学习能力。具体可以采取以下措施：

1. 学习态度评价

评估学生对古诗文学习的态度，包括学习积极性、自主学习能力、学习目标的制定和追求等方面。

2. 学习方法评价

评估学生的学习方法选择和运用能力，包括学习计划的制订、学习资料的整理和利用、学习时间的合理安排等方面。

3. 学习习惯评价

评估学生的学习习惯养成情况，包括学习纪律、作业完成情况、学习笔记的记录和整理等方面。

4. 学习技能评价

评估学生的学习技能，包括阅读理解能力、写作能力、思维能力等方面。

（三）定期评价

定期评价是制定定期评价的时间节点，对学生的学习情况进行跟踪和评估的评价。教师可以根据学年、学期制订评价计划，及时反馈学生的学习情况。具体可以采取以下措施：

1. 学期评价

在每个学期结束时进行综合评价，对学生的学习成果进行总结和评估。

2. 月度评价

在每个月底对学生的学习情况进行评估，了解学生的学习进展和问题，及时进行指导和调整。

3. 周期性评价

在教学过程中不定期对学生进行评价，关注学生的学习态度和学习效果，发现问题及时进行纠正。

（四）个性化评价

个性化评价是考虑到学生的个体差异而进行的个性化评价。除了评价学生的整体水平外，还要关注学生的特长和潜能，鼓励学生多样化的发展。具体可以采取以下措施：

1. 引导学生发展自身特长

根据学生的兴趣和优势，鼓励学生在古诗文学习中发展自己的特长和潜能。

2. 差异化指导和反馈

针对不同学生的学习差异，教师应给予其个性化的指导和反馈，以帮助他们更好地发展。

3. 多元评价方式

采用多种评价方式和方法，给学生提供多样化的展示和表达机会，满足不同学生的学习需求。

通过综合性评价、过程性评价、定期评价和个性化评价的综合运用，可以更准确地评估学生的古诗文学习情况，促进学生的全面发展和个性化成长。

第二节　提供及时准确的学生学习反馈

一、开展有效评价，促进学生的个性化发展

（一）制定多样化的评价方式

为了能够准确评价学生的学习情况，教师可以采用多种不同的评价方式。除了传统的笔试和口试这类常见评价方式，还可以采用作业评价，即设计具有一定难度和挑战性的项目作业，评估学生的动手实践能力和综合运用能力。

1. 小组合作评价

组织学生进行小组合作活动，通过观察学生在团队中的角色扮演、协作能力、问题解决能力等方面评价学生的表现。

2. 实践操作评价

结合实际操作情境，评估学生的实际应用能力和操作技能，例如通过实地考察、实验室实验等形式对学生进行评价。

3. 表演展示评价

安排学生进行古诗文的朗诵、表演或戏剧演出，评估学生的表达能力、艺术表现力和情感交流能力。

通过多样化的评价方式，可以充分考查学生不同方面的能力和潜力，从而更好地促进他们的个性化发展。

（二）注重过程性评价

除了关注学生的学习成果外，教师还应注重对学生学习过程的评价。在评价过程中，教师可以采取以下措施：

1. 观察学生的学习态度

关注学生的学习积极性、主动性和专注度，评估学生对学习的态度和投入的程度。

2. 分析学生的学习方法

观察学生的学习方法选择和运用情况，评估学生是否具备合理的学习策略和

良好的学习习惯。

3. 考查学生的思维过程

通过观察学生解题的思路、推理能力和问题解决方法等方面，评估学生的思维能力和分析能力。

4. 关注学生的学习进展

及时记录学生的学习进展和存在的问题，并给予其及时的指导和支持，帮助学生克服困难，提升学习效果。

通过过程性评价，可以更全面地了解学生的学习情况，帮助他们发现和改进学习中存在的问题，促进学习进步。

（三）灵活运用评价工具

教师在进行评价时，可以根据不同的学科和学习目标，选择合适的评价工具。以下是一些常见的评价工具：

1. 问卷调查

设计问卷，收集调查学生的意见、反馈和自评，以了解学生对教学内容和方式的认知满意度。

2. 学习日志

要求学生定期记录学习的心得体会和反思，通过学生的自述，评估其学习效果和获得的成长。

3. 电子评价平台

利用技术手段搭建在线评价平台，集中收集学生的作品、报告、演示等，这样就便于教师对学生进行全面评价。

4. 学生展示

安排学生参加学科竞赛、学术研讨会等活动，通过学生的展示来评估学生的学习成果和能力。

灵活运用不同的评价工具，能够更好地了解学生的学习情况，并为他们提供个性化的学习指导和反馈。

（四）关注学生的自主评价

鼓励学生进行自主评价和自我反思是评价过程中的重要环节。以下是几种促进学生自主评价的方法：

1. 设计学习反思环节

在作业或课堂活动之后，要求学生对自己的学习情况进行反思和总结，并提出改进措施。

2. 学生自评表

提供学生自评表格，引导学生评价自己在各个方面的学习情况，包括学科知识、学习态度、学习方法等。

3. 互助小组交流

鼓励学生在小组中互相评价和反馈，帮助彼此发现不足并共同提高。

通过引导学生进行自主评价和自我反思，可以培养学生的学习自觉性和批判性思维能力，使他们更好地认知和掌握自己的学习状态和进展。

（五）定期进行评估和总结

为了及时了解学生的学习情况，教师应定期进行评估和总结。以下是几种常见的评估和总结方式：

1. 学期末综合评价

在每个学期结束时，应对学生的学习情况进行全面的总结和评价，包括知识掌握程度、能力水平和学习态度等方面。

2. 月度或周期性评估

在学期中的固定时间点对学生的学习情况进行评估，了解学生的学习进展和存在的问题，然后给予指导和调整。

3. 学业反馈和建议

根据评估结果，提供详细的学科反馈和建议，指导学生制订下一阶段的学习计划和目标。

通过定期的评估和总结，可以及时了解学生的学习情况，发现存在的问题并及时对其进行调整和帮助，促进学生的个性化发展和全面成长。

通过制定多样化的评价方式、注重过程评价、灵活运用评价工具、关注学生的自主评价，以及定期进行评估和总结，教师可以更全面、准确地评价学生的学习情况，促进他们的全面发展和个性化成长。

二、建立学生档案,跟踪记录学生成长情况

(一)建立学生个人信息档案

为了更准确地了解学生的特点和需求,教师可以建立学生个人信息档案。这个档案应包括学生的基本情况,如姓名、性别、民族等,以便教师能够准确地辨认每个学生。家庭背景也是一个重要的信息,应包括父母职业、家庭环境等,这些信息对于教师了解学生的成长环境和家庭影响具有重要意义。此外,学习特点也需要进行详细记录,包括学习风格、学科喜好等,这些信息可以帮助教师更好地为学生提供个性化的学习指导和关怀。同时,学生的兴趣爱好和成绩记录也不可忽视,这些信息有助于教师了解学生的兴趣特长以及学习成绩的变化趋势。

(二)记录学生学习表现和成长情况

教师应定期记录学生的学习表现和成长情况。这包括学生在课堂上的表现跟踪学生的学业发展,这种跟踪也有助于教师了解学生对于此学科选择的兴趣及将来的职业规划等,为他们提供更有针对性的建议和指导。

(三)与学生交流和反馈

教师应与学生之间建立积极的交流和有效的反馈机制。定期与学生进行交流,了解他们的学习感受、困惑和需求,可以帮助教师更好地把握学生的学习情况和需求。同时,教师也应向学生提供详细的学习反馈和建议,帮助他们更好地调整学习策略和提高学习效果。通过与学生积极交流和反馈,教师可以深入了解学生的学习需求,并针对性地提供帮助和指导,从而促进他们的学习和成长。

(四)保护学生的隐私和数据安全

在建立学生档案和记录学生成长情况的过程中,教师应严格遵守学生隐私保护的原则,确保学生个人信息的安全。教师应妥善保管学生档案,避免信息泄露和滥用。同时,也应加强对数据安全的管理,采取措施防止数据的丢失和非法获取,确保学生信息的安全和私密性。这包括使用安全的存储设备和软件,确保数据备份和加密,以及定期对系统和网络进行安全检查和更新等。

通过以上的评价与反馈措施,教师可以更全面地了解每位学生,帮助他们建立个人信息档案,并跟踪他们的学习表现和成长情况。同时,与学生的交流和反

馈可以促进教学过程中的互动，为学生提供更精准的学习指导和支持。教师应当保护学生的隐私信息数据确保学生隐私信息的安全性，从而为学生提供一个良好的学习环境。

三、及时反馈学生的学习成果和进步

（一）定期进行学业反馈

为了提供准确的学业反馈，教师可以采取以下措施：

1. 发布成绩单

定期将学生的成绩制作成成绩单，并向学生和家长发送。成绩单可以清楚地反映学生在不同科目和能力方面的得分情况，帮助学生和家长了解学生的学习成果。

2. 召开家长会

教师可以定期召开家长会，与家长面对面交流学生的学习情况。在家长会上，教师可以向家长告知学生的成绩，并与家长共同探讨如何帮助学生提升学习效果。

3. 发送电子成绩单

教师可利用现代技术手段，将学生成绩以电子形式发送给学生和家长。通过电子成绩单，学生和家长可以随时查看学生的学习情况，并及时了解其成绩变动的情况。

通过定期进行学业反馈，可以让学生和家长了解学生的学习成果，有针对性地进行学习调整和提升。

（二）提供个性化的学习反馈

在进行学业反馈时，教师应根据学生的个体差异，提供个性化的学习反馈。以下是几种个性化的学习反馈方式：

1. 针对性评价

根据学生的学习特点和需求，对其进行具体而有针对性的评价。例如，对于学习中较弱的方面，教师可以针对性地为学生提供更多的指导和帮助，而对于他们优秀的方面，则可以提出更高的要求。

2. 鼓励学生的优点

在学业反馈中，教师应注重鼓励学生发扬优点和潜力。通过正面的评价和肯定，激发学生的学习动力和自信心，促进他们更好地发展和进步。

3. 提供具体的建议

针对学生的学习问题，教师应提供具体的改进建议和学习策略。通过个性化的指导，帮助学生找到适合自己的学习方法，提高学习效果。

通过个性化的学习反馈，就可以更好地满足学生的学习需求，促进他们取得更好的学习效果。

（三）及时回答学生的问题

在学习过程中，学生可能会遇到各种问题和困惑。教师应及时回答学生的问题，并提供相应的解决方法和指导。以下是教师回答学生问题的方式：

1. 课堂提问

充分利用课堂时间，鼓励学生主动发问，并及时回答学生的问题。通过课堂交流，帮助学生解决疑惑，加深对知识的理解。

2. 个别辅导

对于学生在课堂上没有解决的问题，教师可以安排个别辅导时间，与学生一对一地交流和解答问题。个别辅导可以更加有针对性地帮助学生解决困难。

3. 电子沟通平台

利用电子沟通平台（如邮件、即时通信工具等），教师可以随时回答学生的问题。通过线上沟通，能够方便学生随时提问，学生可以得到及时的解答和指导。

教师通过及时回答学生问题，可以促进学生对知识的理解和掌握，提高他们的学习效果。

（四）鼓励学生自主评价和自我反思

鼓励学生进行自主评价和自我反思是评价过程中重要的环节。以下是几种促进学生自主评价和自我反思的方法：

1. 学生自评表

提供学生自评表格，引导学生对自己的学习情况进行评价。学生可以根据学习目标和标准，对照自己的学习情况进行自我评估，并提出改进措施和目标。

2. 学习日志

要求学生定期记录学习的心得体会和反思，通过学生的自述评估学习效果和成长。鼓励学生反思学习中的困难和收获，帮助他们更好地认识自己的学习情况。

3. 互助小组交流

鼓励学生在小组中互相评价和反馈，帮助彼此发现不足之处，实现共同提高。通过学生之间的互动，促进学生的学习反思和成长。

通过鼓励学生自主评价和自我反思，可以培养学生的学习自觉性和批判性思维能力，使他们更好地认知和掌握自己的学习状态和进展。

（五）提供正向激励和鼓励

在进行学业反馈时，教师应注重给予学生正向激励和鼓励。以下是几种方式：

1. 表扬学生的优秀表现

充分肯定学生在学习中取得的优异成绩和进步，鼓励他们保持积极的学习态度。

2. 奖励学生的努力

通过奖励机制，激励学生努力学习。可以设立学业奖励，对学习成绩突出的学生给予一定的奖励和荣誉。

3. 引导学生树立目标

帮助学生设立明确的学习目标，并引导他们朝着目标努力。通过给予目标的方向性引导，激发学生的学习动力。

通过提供正向激励和鼓励，可以增强学生的学习动力和自信心，促进他们取得更好的学习成果。

教师通过定期进行学业反馈、及时回答学生的问题、鼓励学生自主评价和自我反思，以及提供正向激励和鼓励，促进学生的学习进步和全面发展。

四、与家长共同探讨学生的学习问题和解决方案

（一）定期组织家长会议

在新课标下，关于小学古诗文教学评价与反馈方面，教师可以定期组织家长会议，与家长一起探讨学生的学习问题和解决方案。这样的家长会议可以提供

一个家校互动的平台，通过和家长的交流，教师可以更好地了解学生在学习上的困惑和需求，从而有针对性地改进自己的教学方法，同时也为学生提供个性化的辅导。

家长会议可以分为两个层面进行讨论。首先，教师可以向家长介绍学生的学习情况和表现，包括学习成绩、学习态度、学习习惯等方面的情况。通过这样的介绍，家长可以更直观地了解自己孩子在学校的学习状况。其次，教师可以与家长共同讨论学生的学习需求和目标，深入了解学生在学习上的困难和挑战，与家长一起制订学生的学习计划和辅导方案。通过这样的沟通和协商，可以形成家校合力，共同促进学生的学习进步。

在家长会议上，教师需要提供详细的学生分析和建议，针对不同学生的情况，给出具体的指导和帮助。例如，对于学习成绩较好的学生，可以鼓励他们保持良好的学习习惯，并提供一些拓展学习的资源和建议；对于学习较差的学生，可以找出他们存在学习障碍的原因，为他们分析并提供相应的帮助和支持。除了学习方面，教师还可以就学生的社交能力、品德发展等方面给出评价和建议，帮助家长全面了解孩子的成长状况。

（二）建立有效的沟通渠道

除了定期召开家长会议，教师还可以建立其他有效的家校沟通渠道，与家长保持良好的沟通联系。这样的沟通渠道可以是班级群、通信软件、学校网站等多种形式，以满足家长的实际需求和沟通的便捷性。

教师可以利用班级群等社交平台，及时向家长传达学校和班级的重要信息，如学校活动通知、考试安排等。同时，也可以通过这些平台与家长交流学生的学习进展，告知家长孩子在学校的表现和状况。对于学习上的问题，教师可以及时向家长提供反馈和建议，帮助家长更好地支持孩子的学习。此外，教师还可以利用学校网站等渠道，分享一些有关学生学习方面的资源和信息，供家长参考和使用。

（三）倾听家长的意见和建议

教师应当积极倾听家长的意见和建议，尊重家长的观点和期望。可以设立家长反馈渠道，鼓励家长提出关于学生学习问题的改进意见。通过倾听家长的声音，教师可以更好地了解学生在家庭环境中的学习情况和需求,为学生提供更好的学习支持和指导。

教师可以设立意见箱或者定期进行电话或面谈等形式的交流,建立家长反馈渠道。针对家长的反馈和问题,教师需要认真对待,并及时给予回应和解决。同时,教师还可以定期开展家长满意度调查,了解家长对学校和教师工作的评价和建议,以便更好地改进教学质量和服务水平。

(四)分享学习资源和建议

教师可以与家长分享一些学习资源和建议,帮助家长更好地辅导和关心孩子的学习。比如,可以提供一些有关学习方法、学科知识、辅导材料等方面的资源和建议,让家长能够更好地理解和支持孩子的学习。通过与家长的合作和分享,可以形成家校共育的良好氛围,促进学生的全面发展。

教师可以将一些有效的学习方法和策略分享给家长,帮助他们更好地引导孩子进行学习。例如,可以介绍一些记忆技巧、阅读方法、作文写作技巧等,以提高学生的学习效果。此外,教师还可以推荐一些优质的学习资源,如书籍、网站、学习App等,供家长和学生使用。另外,教师还可以就家长在学习辅导中遇到的问题进行指导,并给出相应的建议和解决方案。

第九章　新课标下小学古诗文家校合作教学与社区资源整合

第一节　加强家校合作,提升古诗文教学的连续性和综合性

一、建立良好的家校沟通渠道,加强互动合作

（一）建立家校联系人制度

为了加强家校之间的沟通和合作,学校可以建立家校联系人制度。具体实施方式是,每个班级指定一名家长作为联系人,负责与学校保持密切联系,并在家长群中及时传递学校相关信息,如古诗文教学的课程安排、作业要求等。同时,家庭联系人还承担着反馈家长意见和建议的角色,主要是将家长们的想法、需求传达给学校,促进双方的有效沟通和互动。

家庭联系人的职责如下：

1. 跟进校园活动

及时了解学校古诗文教学活动的时间、地点和内容,将这些信息传达给其他家长,让更多的家长参与其中。

2. 收集反馈和建议

及时和家长们进行交流,了解他们对古诗文教学的看法和建议,并将这些意见反馈给学校,为学校改进工作提供参考。

3. 组织家长会议

协助学校组织家长会议,邀请教师对古诗文教学进行详细介绍,解答家长的

问题，并就相关议题进行讨论。

4.促进家校合作

鼓励家长们积极参与学校的古诗文教学活动，并为其他家长提供帮助和指导，加强家校之间的联系和互动。

通过家校联系人制度的建立，教师可以更方便地了解家长的意见与需求，及时回应他们的关切。加强学校和家庭的沟通和合作，能够提升古诗文教学的连续性和综合性。

（二）定期召开家长会议

为加强家校之间的沟通和合作，学校应定期召开家长会议，为使古诗文教学能够得到有效的支持和配合。在家长会议上，学校可以向家长介绍古诗文教学的具体内容和方法，为家长提供相关的教学资源和学习资料。

在家长会议中，学校可以邀请专业教师进行古诗文教学的讲解和示范。教师可以详细介绍古诗文的背景、内涵和艺术特点，讲解古诗文的赏析方法和技巧，并通过现场演示的方法展示如何引导孩子学习古诗文。这样的教学示范不仅可以增加家长对古诗文教学的了解和认同，也可以为他们提供参考和借鉴，从而更好地帮助孩子学习古诗文。

家长会议应为家长们提供互动交流的机会，让家长可以提出问题和意见，与教师进行讨论和互动，共同探讨如何更好地帮助孩子学习古诗文；也可以设计家长互动环节，鼓励家长们分享自己的经验和心得，促进彼此之间的学习和交流。

通过定期召开家长会议，学校能够密切关注家长们的需求和关切，及时回应他们的问题和建议。通过加强教师和家长之间的互动与合作，共同推动古诗文教学的连续性和综合性发展。

（三）建立家校互动平台

学校可以利用现代科技手段建立家校互动平台，为家长和学校之间的交流提供便捷的渠道。家校互动平台可以包括学校官网、微信公众号、在线教育平台等多种形式，以满足家长们的不同需求。

通过家校互动平台，学校可以及时发布古诗文教学的最新动态和活动安排，为家长提供相关的资讯和学习资源。家长也可以通过平台进行在线交流，提出问题、分享心得，与学校进行即时的互动和沟通。

家校互动平台应具备以下功能：

1. 信息发布

学校可以发布古诗文教学的课程安排、作业要求、考试通知等信息，方便家长获取相关内容。

2. 在线交流

家长可以在平台上提出问题，寻求教师的解答和帮助，增进对古诗文教学的理解，从而更好地指导孩子学习。

3. 学习资源分享

学校可以在平台上分享古诗文学习资料、教学视频等资源，以提供给家长参考和使用。

4. 在线评价

家长可以通过平台对古诗文教学进行评价和反馈，为学校改进工作提供意见和建议。

通过建立家校互动平台，学校和家长可以实现随时随地的交流和互动，提高古诗文教学的连续性和综合性，从而提高学生的古诗文学习效果。

（四）组织家校联谊活动

为了增强家校之间的联系和互动，学校可以定期组织家校联谊活动。这些活动既可以促进家长对孩子学习的关注，也可以为家长们提供交流经验、分享教育资源的机会，从而进一步加强家校合作的连续性和综合性。

家校联谊活动可以包括以下内容：

1. 古诗文朗诵比赛

邀请家长和学生参与古诗文朗诵比赛，展示自己对古诗文内容的理解和表达能力。

2. 家庭阅读分享会

家长可以分享自己与孩子一起阅读古诗文的经验和体会，促进家庭阅读的普及和推广。

3. 古诗文创作展览

展示孩子们在古诗文创作方面的成果，激发他们的创造力和想象力。

4. 家长教育讲座

邀请专家为家长们讲解古诗文教育的重要性和古诗文学习方法，为家庭教育提供指导和支持。

通过家校联谊活动，学校可以为家长们提供更多与孩子学习古诗文相关的参与机会，加强家庭教育和学校教育的协同力量，共同推动古诗文教学的连续性和综合性发展。

（五）建立家长志愿者团队

学校可以鼓励家长积极参与到古诗文教学中来，组建家长志愿者团队，协助学校开展各类古诗文教育活动。通过家长志愿者团队的参与，可以充分发挥家长的特长和优势，促进古诗文教育的全面发展。

家长志愿者团队的具体工作内容包括：

1. 课堂观摩和评价

家长可以担任课堂观摩员，在课堂上观摩学生的古诗文学习情况，并提供评价和建议。

2. 家庭阅读指导

家长可以担任家庭阅读指导员，为学生选择适合的古诗文书籍，并在家庭阅读中进行指导和解读。

3. 活动组织和协助

家长可以参与古诗文教育活动的组织和协助工作，如古诗文比赛、作品展示等。

4. 资源分享和辅导

家长可以分享自己的古诗文学习资源和经验，为其他家长提供指导和帮助。

通过建立家长志愿者团队，能够充分调动家长的积极性和参与度，促进家校合作的连续性和综合性发展，更好地推动古诗文教学的实施和质量提升。

二、家庭阅读与古诗文教学的有机结合

（一）培养家庭阅读的习惯

学校可以通过多种方式来培养家庭阅读的习惯。首先，可以布置家庭阅读任务，提供一些适合孩子年龄和阅读能力的古诗文作品，让家长和孩子选择感兴趣的文章进行阅读，并要求家长和孩子每天坚持一定时间的阅读。同时，还可以在作业中添加一些阅读理解题目，帮助孩子加深对所读内容的理解。

此外，学校可以定期举办家庭阅读分享会。在这个活动中，家长和孩子可以分享他们的阅读心得和体会。家长可以讲述他们在阅读过程中的思考和感受，引导孩子更好地理解古诗文作品。这样的分享会可以激发孩子的学习兴趣，并增加他们对古诗文的了解和欣赏。

另外，学校还可以邀请一些专业人士来给家长和孩子讲述古诗文的魅力和价值。通过专业人士的讲解，家长和孩子可以更好地理解古诗文的内涵和艺术特点，加深他们对古诗文学习的兴趣。

最后，学校可以建立一个家庭阅读俱乐部，鼓励家长和孩子一起参与阅读活动。家庭阅读俱乐部可以定期组织一些阅读分享、读书会等活动，为家长和孩子提供一个共同学习的平台。通过这样的俱乐部活动，家庭成员之间可以相互学习、借鉴，培养良好的阅读习惯。

（二）推荐优秀古诗文读物

为了推广古诗文阅读，学校可以向家长推荐一些优秀的古诗文读物。首先，可以选编一些适合不同年龄段的古诗文教材，例如《古代文学名著导读》《古代文学鉴赏辞典》等。这些教材可以从不同角度对古诗文进行介绍和解读，帮助孩子更好地理解古诗文的内涵和艺术特点。

此外，学校还可以向家长推荐一些古代文学名著。比如，可以为学生推荐一些儿童版的《红楼梦》《西游记》等，让他们初步接触古代文学作品，了解中国古代文学的博大精深。

在推荐古诗文读物时，学校还应根据孩子的年龄和阅读水平进行选择。比如提供不同难度和风格的古诗文作品，满足不同孩子的阅读需求。此外，还可以配

合一些活动，如书展、图书馆参观等，让孩子有机会亲自选择自己感兴趣的古诗文读物。

（三）引导家长与孩子共同阅读

为了培养家庭阅读的习惯，学校可以引导家长与孩子共同阅读古诗文作品。首先，学校可以组织一些家庭阅读活动，让家长和孩子一起来参与阅读。活动可以包括朗读古诗文、解读古诗文的意境和情感等。家长可以与孩子一起分享他们对古诗文的理解和感悟，引导孩子更加深入地思考和体验古诗文作品。

此外，学校还可以鼓励家长和孩子在日常生活中规定阅读时间，规定在每天一个固定的时间段进行阅读，保证在这个时间段里整个家庭成员都在集中精力进行阅读。这样的家庭氛围和习惯的养成不仅可以让孩子更好地接触和理解古诗文，也可以增进家庭成员之间的交流和互动。

（四）开展家庭阅读分享活动

为了促进家长和孩子之间的交流，学校可以定期组织家庭阅读分享活动。在这样的活动中，家长和孩子可以分享他们在家庭阅读中的收获和体会。比如，可以让家长和孩子选择一篇他们喜欢的古诗文作品进行朗读和解读，并分享他们对作品的感悟和思考。

此外，学校还可以邀请一些古诗文专家或文学爱好者来进行讲座或演讲。这样的活动可以让家长和孩子近距离接触到一些专业人士，了解他们对古诗文的研究成果，激发他们对古诗文的学习兴趣。

（五）建立家庭阅读档案

为了更好地跟踪和记录家庭阅读情况，学校可以建立家庭阅读档案。通过家庭阅读档案，可以记录每个学生和家长的阅读情况，记录每个孩子阅读的书籍、阅读时间、阅读感悟等信息。同时，学校还可以利用家庭阅读档案为学生量身定制适合他们阅读的古诗文作品，帮助他们更好地进行个性化的学习。

家庭阅读档案是通过阅读档案的统计数据分析，了解学生的阅读习惯、兴趣偏好，从而有针对性地提供合适的古诗文读物和阅读指导。这样不仅可以帮助学校了解每个学生和家长的阅读情况，也可以为学校和家庭提供一个参考，以便更好地进行教学指导和开展家庭教育。

三、家长参与古诗文教学活动和展示的组织与实施

（一）邀请家长参观观摩古诗文教学课堂

学校可以定期邀请家长到校参观观摩古诗文教学情况，让家长亲眼目睹孩子在课堂上的表现。开展这样的参观活动，对于家长来说是一个了解孩子学习情况、感受到学校教学氛围的机会。在课堂观摩中，家长可以亲眼看到老师的教学方式和方法，了解学校对古诗文教学的理念与要求，进而更好地配合学校开展古诗文教育。

同时，学校还可以开放部分课堂给家长来进行实地体验和参与，以增进家长对古诗文教学的了解和认同。比如，家长可以参与到课堂教学中，与教师和孩子一起互动交流，共同探讨古诗文的魅力和学习方法。这种参与式的观摩活动不仅可以让家长更加了解学校的古诗文教学情况，也可以拉近家校之间的距离，促进家校合作，为培养孩子的古诗文素养共同努力。

（二）组织家长参与古诗文演讲比赛

学校可以组织古诗文演讲比赛，邀请家长作为评委或嘉宾参与。这样的活动既能够展示孩子们在古诗文学习方面的成果，也能够让家长了解孩子在古诗文学习方面的表现和获得的进步。

在比赛中，家长可以分享自己的专业知识和经验，为孩子提供积极的指导和鼓励。同时，还可以与其他家长互相交流、互相借鉴，共同分享教育经验和方法。这样的交流和合作有助于家长们更好地引导和支持孩子的古诗文学习，同时也增强了他们对古诗文教育的认识和理解。

（三）开展家长讲座和工作坊

学校可以定期邀请专业教师或教育专家给家长开展古诗文教学方面的讲座和工作坊，这样的活动为家长提供了系统学习和进一步了解古诗文教学的平台。在讲座和工作坊中，专业教师可以讲解古诗文教学的理论和实践，分享古诗文鉴赏和教学的方法。家长们可以通过学习和参与互动，提升自身对古诗文教育的认识，以更好地引导和帮助孩子学习古诗文。

（四）支持家长组织古诗文社团

学校可以支持家长组织古诗文社团，鼓励家长们自愿参与到古诗文教育中来。这样的社团可以为家长们提供一个相互交流、学习和分享的平台。

在古诗文社团中，家长们可以相互协作，共同学习古代文学知识，共享古诗文的欣赏和创作成果。通过参与社团活动，家长们可以进一步提高自己的古诗文素养和教育水平，以更好地引导孩子学习古诗文。

（五）展示家长参与的成果和经验

学校可以定期举办家长参与古诗文教学活动的展示和交流活动，让家长有机会展示和分享他们的成果和经验。通过这样的展示和交流，家长们可以互相借鉴和学习，同时也加强了家校合作，帮助孩子们提升了古诗文素养。

四、家校共同关注学生的学习情况和成长需求

（一）定期开展学生成绩和学习情况的家访

学校可以定期安排教师进行家访，与家长深入沟通，了解孩子在古诗文学习方面的困难和需求。这样的家访可以提供更贴近学生真实情况的反馈，同时也为家长提供了一个了解孩子学习状况的机会。

教师可以与家长讨论孩子在古诗文学习中面临的问题，共同探讨对策和解决方案。家长也可以向教师提供孩子在家中遇到的学习困难和学习情况，教师应尽可能给予相应的指导和支持。通过家访，教师和家长就能够建立起密切的合作关系，共同帮助孩子开展古诗文学习。

（二）建立学生学习档案

学校可以建立学生学习档案，记录每个学生的学习情况和成长轨迹。学生学习档案可以包括学生的学习成绩、作业完成情况、参与课堂活动的表现等。教师可以将学生的学习档案与家长分享，让家长了解孩子在古诗文学习方面的优势和不足。同时，学校还可以通过学生学习档案的分析，制订个性化的学习计划和指导方案，帮助学生克服困难，提高学习效果。

（三）邀请家长参与学生评价活动

学校可以邀请家长参与学生评价活动，例如家长可以参与学生的学习成果展

示和评价过程。通过家长的观察和评价，学校可以更加全面地了解学生在古诗文学习中的表现和进步。家长的参与还可以促进师、生、家之间的互动和交流，加深家庭与学校的联系和合作。同时，家长的正面评价也可以激发学生学习的主动性和积极性。

（四）定期举办家长学习讲座

学校可以定期举办家长学习讲座，邀请教育专家或学科教师给家长讲解古诗文学习的方法和技巧。讲座可以涵盖古诗文的背景知识、阅读方法、理解技巧等方面的内容。通过讲座，家长可以了解学生在古诗文学习中的特点和需求，同时也可以学习一些指导孩子学习古诗文的有效方法。讲座还可以为家长提供交流和互动的机会，让他们分享彼此的经验和心得，促进家长间的合作和相互支持。

（五）建立家校合作共建的学生成长档案

学校和家长可以共同建立学生成长档案，记录学生的全面发展情况和重要信息。学生成长档案可以包括学生在古诗文学习方面的成果、参与学校活动的表现、个性特点等。家长可以向学校提供关于学生的成长经历和特长表现的信息，学校也可以将学生在古诗文学习方面的成果和表现纳入成长档案中，为学生的个性化发展提供参考和支持。通过建立家校合作共建的学生成长档案，学校和家长可以更加全面地了解学生的发展状况，共同关注和推动学生的全面成长。

第二节　整合社区资源，拓展古诗文教学的外延

一、利用社区文化设施举办古诗文教育活动

（一）开设古诗文讲座

利用社区文化设施，可以定期举办古诗文讲座，邀请专业的教师或文化名人开展讲座。讲座内容可以包括古代诗词赏析、文学名著解读等。通过讲座，可以增强居民对于古诗文的兴趣，了解古代文化的内涵。

为了使古诗文讲座更具吸引力和有效性，可以采取以下策略：

1. 邀请专业人士授课

确保讲座的专业性和权威性，可以邀请古代文学领域的专家、教授、作家等具有丰富经验和深厚功底的专业人士来进行讲解。他们可以从不同的角度和层面对古诗文进行解读，使听众得到全面的学习和领悟理解。

2. 多样化的讲座主题

在安排讲座内容时，可以根据不同的主题进行分类，如唐诗宋词、元曲明传、古代文学流派等。这样可以满足不同层次和兴趣的学习需求，并对古代文学形成一个系统的认识。

3. 互动与分享

在讲座结束之后，可以设置互动环节和分享时间，鼓励学生积极参与。可以组织一些小游戏或问答环节，让居民主动回答问题或分享他们对于古诗文的理解和感悟，这样可以增强学习的趣味性和参与性，加深居民对古代文学的体验和感受。

4. 后续活动的延伸

讲座结束后，可以安排一些相关的活动进行延伸学习。例如组织读书会、文化沙龙等，提供一个交流和分享的平台，让居民有机会与其他对古诗文感兴趣的人共同交流和学习。

通过开设古诗文讲座，社区居民不仅可以从专业人士那里学到更多的知识，

还可以享受到艺术的美感和文化的熏陶，从而丰富自己的精神生活。

（二）组织古诗文朗诵比赛

社区文化设施可以提供场所和资源，组织古诗文朗诵比赛。通过比赛形式，激发居民参与古诗文朗诵的热情，培养他们的朗诵技巧和鉴赏能力。同时，比赛还可以促进居民之间的交流和互动。

具体组织古诗文朗诵比赛的步骤和策略如下：

1. 主题选择

确定比赛的主题，可以根据不同时期、不同类型的古诗文进行分组或分类，如唐诗组、宋词组、元曲组等。这样可以更好地展示和比较参赛选手的朗诵水平和表达能力。

2. 报名与选拔

在社区内广泛宣传比赛信息，并设立报名渠道，鼓励居民积极参与。可以组织初赛和决赛环节，通过评委的评分和筛选，选拔出最具潜力的参赛选手进入决赛。

3. 培训与指导

为参赛选手提供专业的培训和指导，包括朗诵技巧、情感表达、语音语调等方面。可以邀请专业的演员、老师或朗诵艺术家进行指导，提高选手的表演水平。

4. 比赛活动的策划

在比赛过程中，可以增设评委点评环节或观众投票环节，让评委和观众对参赛选手进行评价和鼓励。此外，还可以安排一些特别的表演或文艺节目，为比赛增添一定的娱乐性和互动性。

5. 奖项设置

根据比赛的实际情况和水平，设立不同的奖项，如最佳朗诵奖、最佳表演奖、最具潜力奖等。同时也可以为参与比赛的选手颁发参与证书，鼓励他们继续深入学习和探索古代文化艺术。

通过组织古诗文朗诵比赛，可以激发居民对古代文学的兴趣，培养他们的朗诵能力和艺术修养，同时也为居民提供了一个展示自我、交流互动的平台。

(三)举办古诗文主题展览

利用社区文化设施的展览空间,可以定期举办古诗文主题展览。展览的内容可以包括古代文人的书画作品、古诗文手抄本等。通过展览,可以让居民接触和欣赏古代文化艺术品,拓宽他们的审美视野。

为了使古诗文主题展览更具吸引力和影响力,可以考虑以下措施:

1. 主题选取

根据不同的时期或流派,选择不同的古代文化主题进行展览,如唐宋文人的书画作品、明清古籍手抄本等。这样可以让观众对不同时期的古代文化有更全面的了解和认知。

2. 展品策划与布展

精心选择展品,确保质量和特色。可以联系博物馆、图书馆或私人收藏家借展部分古代文物和书画作品。在展览布局方面,应注意展品的排列和陈列方式,注重展览的整体性和流程性。

3. 解说与导览

为观众提供详细的展品解说和导览服务,这样就可以让他们更深入地了解每件展品的历史背景、艺术特点和文化内涵。为了提高参观的效果,可以配备专业的解说员或导览员,提供个性化的解说和服务,增加观众的参与感和学习效果。

4. 互动体验

在展览中设置一些互动环节和体验区域,让观众可以参与到展览中来,增加他们的参与感和互动体验。比如可以设置一些文化游戏、文房四宝摆放体验等,让观众亲身感受古代文化的魅力。

5. 讲座与讨论

在展览期间,可以邀请专家学者或名人进行相关的讲座和讨论,探讨古代文化的价值和影响。这样可以增加展览的知识性和教育性,提高观众对古代文化的认知和理解。

通过举办古诗文主题展览,可以让居民近距离接触和了解古代文化艺术品,增强他们对古代文化的兴趣和鉴赏能力,促进社区文化的繁荣和传承。

（四）开设古诗文培训班

社区文化设施可以提供场所和资源，开设古诗文培训班。培训班可以包括诗词写作、古代文学鉴赏等内容。通过培训班，居民可以系统学习古代文化知识，提升自己的文化素养。

为了使古诗文培训班的培训收到更好的效果，可以采取以下措施：

1. 课程设置

根据学员的需求和实际情况，设计合理的课程设置。可以结合古代文学史、文学名著欣赏、古诗文写作等内容进行教学。通过理论讲解和实践演练相结合的方式，提高学员的学习效果和实践能力。

2. 教师选择

挑选具有丰富教学经验和专业知识的教师来担任培训班的授课老师。他们应具备深入了解古代文学和擅长教学的能力，能够根据学员的特点和需求，开展个性化的教学和指导。

3. 学员评估与反馈

在培训班进行中，定期对学员进行评估和反馈，了解他们的学习情况和进展。还可以组织一些小测验或作品展示，让学员展示自己的学习成果，并针对性地给予指导和改进意见。

4. 交流与分享

为学员提供交流和分享的机会，可以组织作品朗诵会、文学座谈会等活动，让学员之间互相交流和学习。同时也可以邀请一些作家、学者或文化名人来进行讲座或指导，增加学员的学习动力和激情。

5. 资源共享

为了提供更好的学习条件和环境，可以与相关机构或社区资源进行合作。例如：与图书馆合作，提供丰富的古代文学书籍和资料；与博物馆合作，组织参观活动和学习交流；等等。

通过开设古诗文培训班，可以满足居民对古代文化学习的需求，提高他们的文化素养和艺术修养，促进社区文化的发展和传承。

二、与社区书店、图书馆合作，提供丰富的阅读资源

（一）建立古诗文专区

与社区书店、图书馆合作，在其内部建立古诗文专区是一项有益于居民文化教育的举措。因此，专区的设立可以提供一个集中展示古代文学著作的场所，方便居民进行阅读借阅。为了确保专区内文物规范的保存和管理，可以安排专门的工作人员对这些古代文学著作进行整理、分类和标注。比如可以根据不同的古代文学流派或时期，将相关作品进行分区陈列，以便读者更加有针对性地选择自己感兴趣的作品。

在古诗文专区内，可以设立阅读角，为居民提供安静的阅读环境。为了给居民创造一个舒适的阅读氛围，还可以在阅读角布置舒适的座椅和专门的灯光，同时控制噪声和安排适宜的温度；也可以在阅读角提供桌上型电脑、平板电脑等设备，让居民能够在线阅读古代文学作品。此外，还可以设置音频阅读设备，提供古诗文的朗读版本，帮助居民更好地理解古代文学作品。

（二）推广古诗文读者俱乐部

古诗文读者俱乐部的建立为居民提供了一个交流和分享的平台，让居民能够通过互动和讨论来加深对古诗文的理解和感悟。与社区书店、图书馆合作，共同推广古诗文，建立读者俱乐部是一种有效的宣传方式。

古诗文读者俱乐部可以定期组织举办读书分享会、座谈会等活动。在这些活动中，可以邀请专业的古代文学研究者、学者或爱好者来进行讲座或主题演讲，分享他们对古诗文的研究成果和个人见解。同时，还可以鼓励俱乐部会员互相交流，举办读书心得分享会，通过分享自己对古代文学作品的理解和感悟，激发更多人对古诗文的兴趣和热爱。

（三）举办古诗文阅读推广活动

古诗文阅读推广活动是一种有效的引导和吸引居民参与古诗文阅读的方式。与社区书店、图书馆合作，通过举办古诗文朗诵会、诗词大赛等形式，能够吸引更多的居民关注和参与到古诗文的阅读中来。

古诗文朗诵会是一种常见的推广方式，通过邀请专业朗诵者或感兴趣的居民

进行古诗文的朗诵，将古代文学作品以声音的形式呈现给观众，让他们更加感受到古代文学的魅力。同时，还可以组织诗词大赛，鼓励居民积极参与并展示自己对古诗文的理解和创作。这样的活动既能提高居民对古诗文的兴趣，也能促进居民之间的交流和互动。

（四）提供电子阅读资源

随着科技的发展，电子阅读已经成为人们获取信息和阅读的主要方式之一。与社区书店、图书馆合作，建立电子阅读平台，提供古诗文的电子书籍资源，可以方便居民通过电子设备在线阅读古代文学作品。

在建立电子阅读平台时，需要确保平台的功能完善和易用性，以便居民能够快速找到所需的古诗文作品。

同时，还可以提供搜索功能和分类索引，方便居民根据自己的兴趣和需求来查找古代文学作品。

此外，还可以提供一些特色功能，如语音朗读、书签等功能，增加电子阅读的便利性和用户体验。可以定期更新和维护电子阅读资源，确保居民能够获取最新的古代文学作品。

三、邀请社区文化名人开展古诗文讲座和培训

（一）邀请知名学者进行讲座

社区可以利用自身的网络和资源，邀请知名的古代文学学者或研究专家来开展古诗文讲座。这些学者通常在古代文学领域拥有丰富的知识和研究成果，通过讲座的形式，他们可以分享自己的研究成果，介绍古代文学的背景、发展和特点，以及对古代文学作品进行深入解读。通过这样的讲座，社区居民可以了解到更多有关古诗文的知识，提升自己对古代文学的认识和欣赏能力。

（二）邀请作家进行写作指导

社区可以邀请著名作家或文学艺术家来开展古诗文写作指导活动。这些作家通常具有丰富的写作经验和专业知识，他们可以教授居民如何写作古诗文，包括古体诗、骈文等形式。他们可以分享自己的创作心得和技巧，引导居民关注古代文学的表现形式、意义和审美价值，培养居民的审美能力。

（三）开设古诗文培训班

社区可以邀请具有丰富教学经验和专业知识的古代文学教师，开设古诗文培训班。这些培训班可以根据居民的需求和水平设置不同的课程内容和教学方式。通过系统的教学和指导，可以提高居民对古诗文的理解和鉴赏水平，培养他们对古代文学的浓厚兴趣。

（四）举办古诗文写作比赛

社区可以组织古诗文写作比赛，邀请文化名人担任评委。这样的比赛可以激发居民对古诗文创作的兴趣和热情，提升他们的写作水平和创造力。同时，比赛还可以为居民提供一个展示自己才华的平台，增强居民之间的交流和互动。评委的专业评价和建议也可以帮助居民不断改进和提高自己的古诗文写作能力。

（五）举办古诗文研讨会

社区可以举办古诗文研讨会，邀请文化名人或专业人士来主持。研讨会可以围绕古诗文的重要作品、著名诗人、创作风格等展开讨论，让居民有机会与专业人士深入探讨古诗文的内涵和价值。通过研讨会的举办，居民可以增长知识、拓宽视野，进一步加深对古代文学的理解和欣赏能力。同时，研讨会也为居民提供了交流和互动的机会，促进社区内部的文学交流和合作。

四、组织学生参观社区文化遗址和相关展览活动

（一）组织古代文化遗址考察

社区可以组织学生参观当地的古代文化遗址，让他们亲身感受古代文化的历史底蕴。通过考察活动，可以增强学生对古代文化的认识和理解。

古代文化遗址考察活动的具体安排包括以下几个方面：

1.考察地点选择

选择离社区较近并具有代表性的古代文化遗址作为考察地点。可以是古代城址、宫殿遗址、古墓群等，确保考察地点能够展示古代文化的特点和历史意义。

2.指导老师安排

邀请专业的历史学教师或古代文化研究专家担任考察活动的指导老师。因为他们可以向学生介绍古代文化的背景和重要性，引导学生对考察地点进行深入

了解。

3. 古代文物讲解

在考察活动中，可以邀请专门负责古代文物保护和研究的专家，对珍贵的文物进行讲解。学生通过观看文物展示和听取专家的讲解，可以了解文物的历史背景和文化内涵。

4. 学生互动讨论

在考察活动中，鼓励学生参与互动讨论。可以设置一些问题或主题，让学生结合自己的观察和感受进行思考和交流。这样可以激发学生的学习兴趣，培养他们的思维能力。

5. 组织补充活动

在考察活动结束后，可以组织一些补充活动，如写作、绘画、摄影等。让学生通过自己的创作表达对古代文化的认识和感悟，提升他们的艺术素养和文化水平。

通过组织古代文化遗址考察活动，可以让学生亲身感受古代文化的魅力，加深他们对古代文化的理解和热爱，促进社区中年青一代对文化传统的传承和发展。

（二）参观古代艺术品展览

社区可以组织学生参观当地举办的古代艺术品展览，让他们欣赏到古代文物，提升他们的审美能力和文化素养。

参观古代艺术品展览的活动应安排如下：

1. 展览策划

与当地博物馆、艺术机构或收藏家合作，策划具有代表性和吸引力的古代艺术品展览。可以包括书画作品、器物、雕塑等。要确保展览的内容丰富多样，能够展示古代艺术的独特魅力。

2. 引导老师指导

邀请专业的艺术史教师或艺术家担任学生参观活动的引导老师。他们可以向学生介绍古代艺术的历史背景、风格特点和艺术价值，加深学生对艺术品的理解和欣赏能力。

3.学生观展与思考

学生在参观展览时，可以引导学生从艺术形式、题材主题、艺术家意图等多个角度进行观察、思考和讨论，这样可以培养学生的审美意识和批判性思维，提高他们的艺术鉴赏水平。

4.艺术交流活动

组织学生与艺术家或有关专家进行艺术交流的活动，比如可以通过组织座谈会、讲座、工作坊等形式，让学生与专业人士对话、交流心得和体会，深化对古代艺术的理解和感悟。

5.学生创作展示

在参观活动结束后，可以组织学生进行艺术创作。学生可以根据自己的感受和对展览艺术品的理解，进行绘画、写作或其他艺术形式的创作，这样可以培养学生的创新能力和艺术表达能力。

通过参观古代艺术品展览，学生可以近距离接触古代文物，欣赏到古代艺术的卓越成就和独特魅力，提高他们的审美能力和文化素养，激发他们对古代艺术的兴趣和热爱。

（三）走进博物馆体验古代文化

可以组织学生参观当地的博物馆，让他们近距离感受古代文化的各个方面。通过亲身体验，学生可以更深入地了解古代文化的多样性和魅力。

组织学生走进博物馆体验古代文化的具体措施如下：

1.博物馆介绍

在参观活动前，可以邀请博物馆工作人员为学生讲解博物馆的设立背景、藏品分类和展览规划。让学生对博物馆有一个整体的了解，为参观活动做好准备。

2.文物展览参观

在博物馆中，学生可以参观不同的展厅，欣赏所展示的古代文物，可以特别关注与学生所学内容相关的展品，如古代器物、书画作品等。通过观看真迹和文物，学生可以更直观地了解古代文化的历史渊源和内涵。

3.参观引导

在参观过程中，可以邀请专业的博物馆讲解员担任学生参观的引导员。他们可以向学生提供文物的历史背景、文化内涵和艺术特色的专业讲解,帮助学生更好地理解和欣赏文物。

4. 互动与体验

在博物馆中,可以设置一些互动活动和体验区域,让学生参与其中。例如,可以设置仿古器物摆放区域,让学生体验古代文物的摆放方式;可以设置传统手工艺体验区,让学生亲自体验制作传统手工艺品。

5. 学生分享与总结

在参观活动结束后,可以组织学生进行分享和总结。鼓励学生展示他们最感兴趣和留下最深刻印象的文物,并分享他们对古代文化的理解和感受,这样可以增强学生主动参与的积极性和表达能力。

通过走进博物馆体验古代文化,学生可以感受到历史的厚重和古代文化的独特,了解文物背后的故事和价值,增长见识,提高他们对古代文化的认知和欣赏能力。

(四)组织古代文化体验活动

社区可以组织学生参加古代文化体验活动,如传统手工艺制作、古代礼仪学习等。通过实际参与,学生可以亲身感受古代文化的独特魅力。

组织古代文化体验活动的具体安排如下:

1. 传统手工艺制作

邀请传统手工艺师傅来社区进行传统手工艺制作的指导。学生可以亲自动手制作古代器物、刺绣、陶艺等,体验传统工艺的魅力和乐趣。

2. 古代礼仪学习

邀请专业的礼仪老师来社区进行古代礼仪学习的活动。学生可以了解古代礼仪的历史背景、意义和流程,并进行实际操作和演练。

3. 古代服饰体验

组织学生穿上古代服饰进行古代服饰的展示和拍摄。通过亲身体验古代服饰的穿戴,学生可以感受到古代人的生活方式和审美观念。

4. 传统舞蹈学习

邀请专业的舞蹈老师来进行传统舞蹈学习活动,学生可以学习到古代舞蹈的舞姿和动作，感受古代文化的艺术美感。

5. 古代音乐演奏

组织学生学习古代音乐的演奏技巧和乐器演奏。可以邀请专业的音乐家或音乐教师进行指导，让学生亲自弹奏古代乐曲，增强他们对古代音乐的理解和欣赏能力。

通过组织古代文化体验活动，学生可以亲身参与到古代文化的传承和发展中，体验古代文化的独特魅力和韵味，增强他们对文化传统的认同感和自豪感。

（五）举办古代文化展演

社区可以组织学生参与古代文化展演活动，如古装表演、音乐演奏等。通过表演和演出，学生可以将自己对古代文化的理解和感悟展示给观众，增强自信心和创造力。

组织古代文化展演的具体安排如下：

1. 表演形式选择

根据学生的兴趣和特长，选择适合的表演形式。可以有古装表演、古代乐曲演奏、舞蹈和戏剧表演等。确保展演的形式多样，能够展示古代文化的不同方面和形态。

2. 导师指导

邀请专业的表演艺术家或导师担任学生的指导老师。他们可以对学生进行专业的培训和指导，提高学生的表演水平和艺术修养。

3. 剧本或曲目选择

可以选择与古代文化相关的剧本或曲目进行演出，如根据历史故事、古诗文等内容进行编排和创作，让学生通过表演展示对古代文化的理解和感悟。

4. 彩排和演出

可以在社区内的露天舞台或室内剧院等场地举行演出，邀请社区居民和其他观众观看。在表演前，可以组织学生进行充分的彩排，以保证演出质量和效果。

5. 经验分享和总结

在演出结束后，应组织学生进行经验分享和总结。学生可以分享自己在表演过程中的收获和体会，互相交流和鼓励，这样可以提高学生的团队意识和合作能力。

通过举办古代文化展演，学生可以将自己对古代文化的理解和感悟通过表演展示给观众，增强他们的自信心和创造力，以此促进古代文化的传承和发展。同时，古代文化展演活动，也为观众提供了一个欣赏古代文化的机会，增加了他们对古代文化的了解和欣赏能力。

五、与社会资源整合，创设丰富多样的古诗文教育平台

（一）建立古诗文教育网站

与社会资源合作，建立古诗文教育网站是为了方便居民在互联网上学习和交流古代文学知识。网站可以提供丰富的古代文学资源，包括文学名著全文、古诗文赏析、诗词鉴赏等内容。

在网站上，可以设置专门的栏目来介绍不同时期、不同流派的古代文学作品，如唐诗、宋词、元曲等。针对每一项文学作品，可以提供详细的背景介绍、作者生平及其作品特点等信息，让读者对文学作品有更深入的了解和把握。同时，还可以提供相关的研究成果和学术讨论，帮助读者更好地理解古诗文的内涵和价值。

古诗文教育网站还可以设立互动平台，提供在线学习和交流的功能。用户可以在网站上参加诗词竞赛、参与讨论社区、分享自己的创作等。通过这样的互动，可以促进读者之间的交流与合作，共同提高古诗文的欣赏水平。

（二）开发古诗文手机应用

结合社会资源，开发古诗文手机应用是为了让用户方便随时随地学习古代文学知识，进行诗词创作和鉴赏，提高自己的文化素养。

在古诗文手机应用上，可以设计用户友好的界面和功能。首先，提供古代文学作品的全文阅读功能，包括名著、诗词等。这样用户就可以通过应用随时查找想要阅读的古代文学作品，阅读与学习的便利性就得到极大的提高。其次，在应用中可以提供古诗文的赏析和解读，辅助用户更好地理解诗词的意义和背景，还可以提供录入和编辑诗词的功能，让用户能够进行创作和分享。

最后，古诗文手机应用可以设置学习和考试模式，帮助用户系统地学习和测

试自己对古代文学知识的掌握程度。比如可以提供习题、测试或游戏等形式，使学习过程更加有趣和生动。

（三）合作出版古诗文读本

与社会资源合作，出版古诗文读本是为了给居民提供方便的阅读材料。读本可以包括古代文学名著选读、古诗文精品欣赏等内容。

在古诗文读本中，可以选取一些经典的古代文学作品，如《红楼梦》《西游记》等，进行选段或精读。为了帮助读者更好地理解和欣赏作品，每一篇选读都可以提供详细的导读和背景介绍，解释词汇、典故和文化背景。此外，还可以提供作者的生平和作品特点等信息，增加读者对古代文学作品的认知。

古诗文读本还可以附带注释和赏析，帮助读者更好地理解诗词的意境和表达方式。读者可以通过读本来进行自主学习，也可以参加相关的读书活动和讨论会，与他人分享自己的阅读体验和理解。

（四）举办古诗文教育活动推广会

与社会资源合作，定期举办古诗文教育活动推广会是为了向更多人宣传古诗文教育的重要性和意义，分享古代文化知识和资源。

在推广会上，可以邀请专业的古代文学研究者、学者或爱好者来进行讲座和演讲，介绍古诗文的特点、历史背景和价值。他们可以分享自己的研究成果和对古代文学作品的理解，同时也可以回答听众的问题，促进与听众之间的互动和交流。

推广会还可以邀请知名作家或艺术家进行现场诵读和表演，将古代文学作品以生动的方式呈现给观众，激发观众对古诗文的兴趣和热爱。同时，还可以展示一些与古代文学相关的艺术品或手工制品，增加活动的多样性和吸引力。

通过定期举办古诗文教育活动推广会，可以提高公众对古代文学的认知度和兴趣，从而推动古诗文教育的普及和发展。

第十章　新课标下小学古诗文教育与跨学科融合

第一节　古诗文教育与其他学科的关联与融合

一、语文与数学的跨学科教学融合

（一）数学题材的古诗文教育

在语文教育中引入数学题材的古诗文，能够有效提高学生对数学知识的兴趣和理解。通过教授唐代数学家张丘建的《张丘建算经》中的数学定理，并引导学生阅读相关古诗文，可以深化学生对数学知识的理解，并培养他们的数学思维能力。

古诗文中蕴含的数学思想常常能够激发学生的学习兴趣，例如《张丘建算经》中探讨的数学定理常以意境深远、朗朗上口的古诗文形式表达。通过引导学生去欣赏这些古诗文，不仅能够激发他们对古代数学文化的兴趣，还能使他们更深入地理解数学定理背后的思想和原理。

此外，通过在古诗文中融入数学题材，还能够帮助学生认识到数学知识在实际生活的应用。通过阅读描写数学题材的古诗文，学生能够感受到数学知识在各个领域的应用，进而增强他们对数学的兴趣和认识。例如，在介绍古代数学家华罗庚的生平和成就时，可以引入与数学相关的古诗文，描述他在数学领域的创新和贡献。通过这样的教学方式，学生能够将数学知识与实际应用相联系，提高他们对数学的理解和兴趣。

（二）数学应用情境的文学描写

在语文教育中引入数学应用情境的文学描写，能够帮助学生了解数学知识在实际生活中的应用。通过阅读文学作品中数学应用情境的描写，学生可以更深入地体会到数学的实用性，同时也能够激发他们对数学的兴趣。

（三）数学思维的培养与发展

通过古诗文教育，可以培养学生的数学思维能力。古诗文中常常蕴含着丰富的隐喻和比喻，通过阅读和分析古诗文，可以培养学生的抽象思维和逻辑推理能力，对数学问题进行更深入的思考和探索。

古诗文中的隐喻和比喻常常需要学生进行抽象思维和逻辑推理，在理解古诗文的同时，学生也会潜移默化地培养起数学思维和推理能力。例如，唐代数学家李淳风的《九章算术》中提出的数学问题往往与自然景物或人物形象有关，在解题过程中就需要学生进行逻辑思考和抽象推理。

通过古诗文教育培养数学思维能力，可以使学生在解决数学问题时更加灵活和独立，同时也能够激发他们对数学的兴趣和热爱。

（四）数学教育与语文教育的互补

语文教育强调理解、表达和运用语言的能力，而数学教育注重分析、推理和解决问题的能力。将两者结合起来进行跨学科教学融合，可以使学生综合运用语言和数学知识，提高他们的思维能力和创造力。

在进行跨学科教学融合时，可以通过数学题材的古诗文教育来促进数学与语文的联系和互动。例如，在学习数学定理的同时，可以引入古诗文作为补充材料，帮助学生更好地理解和应用数学知识。同时，在学习语文的过程中，可以引入数学问题和情境，培养学生的分析和推理能力。

通过数学教育与语文教育的互补，学生不仅能够全面发展各方面的能力，还能够增强对跨学科知识的理解和应用能力。这种综合性的教学方式可以提高学生的思维能力和创造力，使其在面对复杂问题时具备更强的解决能力和创新思维能力。

二、语文与美术的跨学科教学融合

（一）美术题材的古诗文教育

将美术题材的古诗文引入语文教育中，可以增强学生对美术作品的理解和欣赏能力。通过古诗文的描写，学生可以更加深入地了解美术作品所要表达的情感和主题。例如，在教授唐代画家韩幹的绘画技法和艺术成就时，可以引入与美术相关的古诗文，用以描述他的绘画风格和艺术特点，让学生通过阅读古诗文来感受和理解美术作品。

美术题材的古诗文教育不仅可以拓宽学生的学习视野，还可以培养他们的审美情趣和文化素养。通过学习和欣赏古诗文中的艺术描写和意象，学生可以更好地理解美术作品背后的文化内涵和艺术理念。同时，通过分析古诗文中的意象、修辞手法，学生可以培养自己出色的观察力、想象力和表达能力。

（二）文学描写对美术作品的启发

通过古诗文教育，可以启发学生对美术作品的创作和欣赏。古诗文中常常运用丰富的形象描写和比喻手法，通过阅读和分析古诗文，学生可以感受到作者对自然景物、人物形象等的独特表达，从而启发他们在美术创作中的运用。

当学生在欣赏美术作品时，他们能够通过古诗文中的情感描写和意象联想，更好地理解和欣赏艺术作品所要表达的情感和主题。同时，通过对古诗文中的描写技巧的学习和模仿，学生可以培养自己的观察力和表达能力，从而在美术创作中展现出独特的艺术语言。

（三）艺术表现与文学情感的融合

通过语文与美术的跨学科教学融合，可以使学生更加全面地理解和欣赏艺术作品。美术作品往往通过色彩、造型等艺术手法表达情感和主题，而古诗文则通过文字表达相同的情感和主题，通过和古诗文的对比加以分析，学生可以深入理解艺术与文学之间的共通之处。

在教学中，可以选取一些具有鲜明情感色彩的古诗文，如纪实自然景物的描写、表达人物内心世界的抒情诗等，让学生结合美术作品进行联想和思考。通过比较和分析美术作品和古诗文在表达情感和意境上的相似之处，让学生更加全面地理解和感受艺术作品所蕴含的情感和主题。

（四）艺术欣赏与文学阅读的培养

通过古诗文教育，可以培养学生的艺术欣赏能力和文学阅读能力。古诗文是中华文化的瑰宝，其中蕴含着丰富的文化内涵和艺术审美。通过阅读和学习古诗文，学生可以提高对艺术作品和文学作品的欣赏水平，培养他们的审美情趣。

为了培养学生对艺术的欣赏能力，可以引导学生学习古诗文中的艺术修辞手法和描写技巧，如形容词、比喻、拟人等。同时，可以通过阅读和欣赏一些具有代表性的美术作品，如中国山水画、人物画等，让学生结合古诗文进行观察和思考。通过对美术作品和古诗文的综合欣赏和分析，学生可以逐渐培养出鉴赏艺术作品和文学作品的能力。

（五）创作与表达的培养

通过语文与美术的跨学科教学融合，可以培养学生的创作能力和表达能力。美术作品和古诗文都要求作者通过特定的方式来表达自己的思想、情感和意境。通过对美术作品和古诗文的学习和分析，学生可以借鉴其中的表达方式和技巧，培养自己的创作能力和艺术表达能力。

在教学中，可以引导学生结合古诗文进行美术创作，例如，让学生根据古诗文中的描写内容进行绘画创作，或者通过观察和思考美术作品，运用古诗文中的修辞手法进行文字描写。通过这样的实践和尝试，学生就可以不断提高自己的创作能力和表达能力，培养出一定的艺术表现力和文学表达能力。

通过美术题材的古诗文教育，可以有效促进学生对美术作品的理解和欣赏，拓宽他们的视野，培养他们的审美情趣、文化素养以及创作和表达能力。而这种跨学科融合的教学模式不仅能够提高学生的综合素质，还能够促进学科之间的互动与交融，为学生全面发展提供了有益的教育探索。

三、语文与音乐的跨学科教学融合

（一）音乐题材的古诗文教育

音乐和古诗文都是人类优秀的文化遗产，它们有着紧密的联系和互相影响。在语文教育中引入音乐题材的古诗文，可以为学生提供一个更加全面和深入理解音乐的途径。通过阅读与音乐相关的古诗文，学生可以感受古代音律学家和音乐家的才华和创作理念，进而加深对音乐作品的理解和提高对音乐的欣赏能力。

首先，可以从古代音乐家和音律学家的传记和成就入手，引入与音乐相关的古诗文。通过描述他们的音乐才华和创作理念，学生可以从文学作品中感受到音乐的魅力和表达方式。例如，可以引用杜甫的《月夜忆舍弟》中的句子："戍鼓断人行，边秋一雁声。露从今夜白，月是故乡明。"这些韵律优美的句子能够让学生体验到音乐所具有的节奏感和情感表达。

其次,通过对音乐作品和古诗文的比较和分析,可以让学生深入领悟音乐和文学之间的关系。音乐和古诗文都是艺术的表达方式,它们都通过独特的形式和技巧传递情感和意境。通过对比音乐作品和古诗文在表达情感和意境方面的共同之处,学生可以提高对音乐和文学的理解和欣赏水平。例如,可以将李白的《静夜思》和贝多芬的《命运交响曲》进行比较,探索两者在表达对命运的思考和情感宣泄方面的共通之处。

(二)音乐表达与文学感悟的融合

语文教育与音乐的跨学科教学融合,可以让学生更好地理解和感悟音乐与文学之间的关系。音乐和古诗文都是人类情感和思想的表达方式,它们通过独特的形式和技巧传递情感和意境。通过对音乐作品和古诗文的比较和分析,学生可以深入领悟音乐和文学之间的共通之处,提高自己对音乐和文学的理解和欣赏水平。

首先,可以通过对比音乐作品和古诗文的表达方式,让学生认识到两者在情感和意境上的共同点。例如,可以引用李清照的《如梦令》中的句子:"常记溪亭日暮,沉醉不知归路。"这些句子的抒情性和情感表达与音乐作品中经常出现的悲伤、欢愉等情感是相通的。通过这样的对比学习,可以使学生更好地理解和感悟音乐和文学所传达的情感。

其次,可以通过对音乐作品和古诗文的分析,让学生深入领悟两者所表达的思想和主题。例如,可以引用白居易的《赋得古原草送别》中的句子:"离离原上草,一岁一枯荣。"这些句子所表达的对时间流转和生命变迁的思考与音乐作品中关于时光流转和生死轮回的主题有着共通之处。通过这样的比较和分析,学生可以从不同的角度来理解和感悟音乐和文学的意义和价值。

(三)音乐节奏与古诗韵律的对应

音乐作品中的节奏和古诗文中的韵律有着相似之处。通过古诗文教育,可以培养学生对音乐节奏和节拍的感知能力。通过学习古诗文中的韵律和押韵规律,学生可以感受到语言的旋律和节奏,进而将其与音乐作品中的节奏和节拍进行对应,提高对音乐的感知和表达能力。

首先,可以在教学中引入具有明显韵律感的古诗文,让学生通过朗读和模仿古诗文的韵律和节奏，增强对音乐节奏的感知能力。例如，可以引导学生朗读汉乐府的《江南》中的句子："江南可采莲，莲叶何田田。鱼戏莲叶间。鱼戏莲叶东，鱼戏莲叶西，鱼戏莲叶南，鱼戏莲叶北。"这些句子在朗读时具有明显的节奏感和韵律感，通过学习古诗文中的韵律，学生可以更好地感知到音乐作品中的节奏。

其次，可以通过对比古诗文中的韵律和音乐作品中的节奏，帮助学生将两者进行对应。例如，可以让学生感受到李白的《静夜思》中的平仄和贝多芬的《命运交响曲》中节奏之间的对应关系，通过这样的对比和分析，学生可以更好地理解和表达音乐作品中的节奏感。

（四）音乐表演与文学解读的结合

通过语文与音乐的跨学科教学融合，可以使学生更全面地理解和欣赏音乐作品。音乐作品往往是通过表演来传达情感和意境的，而古诗文则通过文字来表达相同的情感和意境。所以通过对音乐作品和古诗文的共同解读和分析，学生可以深入理解音乐与文学之间的共通之处。

首先，可以通过学习音乐作品和古诗文的背景，创作《第九交响曲》时的社会背景和贝多芬对于人类命运的思考，同时引导学生阅读杜甫的《春夜喜雨》等古诗文，了解作者对春夜雨的喜悦和对自然的感悟。通过对两者的共同解读，学生可以更好地理解音乐作品和古诗文所传达的情感和主题。

其次，可以通过音乐表演和文学解读的结合，让学生深入领悟音乐和文学所共有的艺术特点和表达方式。例如，可以引导学生观看音乐表演家对音乐作品的演绎，并结合古诗文中的描述，让学生理解演奏者如何通过音乐表演来传达情感和意境。通过这样的结合，学生不仅可以增进对音乐作品的欣赏，还可以提高对古诗文的理解和鉴赏能力。

四、语文与科学的跨学科教学融合

（一）科学题材的古诗文教育

将科学题材的古诗文引入语文教育中，可以提高学生对科学知识的兴趣和理解。通过教授古代科学家的传记和科学成就，并引入与科学相关的古诗文，描述他们对科学领域的贡献和创新，能够激发学生对科学的兴趣和探索欲望。

古诗文中蕴含的科学思想常常能够吸引学生的注意力,例如,在讲述古代科学家的传记时,可以引入相关的古诗文,描述他们在科学领域的实践和探索,以及他们对自然规律的体悟。通过这样的教学方式,学生不仅能够了解到古代科学家的成就,还能够深入地理解科学知识的本质和意义。

此外,通过在古诗文中融入科学题材,还能够帮助学生认识到科学知识在实际应用中的重要性。通过阅读描写科学应用情境的古诗文,学生能够感受到科学知识在各个领域的应用,进而增强他们对科学的兴趣和认识。例如,在介绍古代天文学家的成就时,可以引入与天文学相关的古诗文,描述他们对星体运动规律的研究,从而引发学生对天文学和科学探索的思考和兴趣。

(二)科学原理的文学描写

通过古诗文教育,可以让学生更好地理解科学原理。古诗文中常常是通过形象生动的描写和比喻手法来阐释自然现象和科学原理的,通过阅读和分析古诗文,学生可以深入理解科学原理的本质和内涵,增强对科学知识的理解和应用能力。

古诗文中的描写手法常常能够帮助学生形象地理解科学原理,例如,描绘天空中流动的云彩这种如诗如画的景象,可以引发学生对大气环流和云的形成原理的思考。通过这样的描写,学生能够更深入地理解科学原理,并将其应用于解决实际问题。

通过古诗文教育,学生不仅能够从科学的角度去理解古人的文学作品,还能够从文学的角度去理解科学原理,提高其对科学知识的综合理解和应用能力。

(三)科学方法与文学思维的共通之处

科学研究和文学创作都需要运用观察、实验、推理等思维方法。通过语文与科学的跨学科教学融合,可以使学生更好地理解科学研究的方法和文学创作的思维过程,培养他们的科学思维能力和创新意识。

在进行跨学科教学融合时,可以通过比较科学研究和文学创作的思维方式,引导学生发现二者之间的共通之处。例如,科学研究和文学创作都需要进行观察和实验,通过收集、整理和分析数据,得出结论或创作作品。这种比较可以帮助学生理解科学与文学之间的相互关系,培养他们的跨学科思维能力和创新意识。

通过对科学方法与文学思维的共通之处的探究,学生不仅能够更好地理解科学研究和文学创作的本质,还能够培养科学思维和创新意识,为未来的学习和工作打下坚实基础。

(四)科学与文学的互补发展

语文教育注重培养学生的思维能力、表达能力和文化素养,而科学教育注重培养学生的观察、实验和解决问题的能力。将两者结合起来进行跨学科教学融合,可以使学生在掌握语文知识的同时,也培养了科学思维和实践能力,提高了其综合素质和创新能力。

在进行跨学科教学融合时,可以通过引入科学题材的古诗文,促进科学与语文的联系和互动。例如,在学习科学原理的同时,引入古诗文作为补充材料,帮助学生更好地理解和应用科学知识。同时,在学习语文的过程中,可以引入科学问题和情境,培养学生的分析和推理能力。

通过科学教育与语文教育的互补发展,学生不仅能够全面发展各方面的能力,还能够增强对跨学科知识的理解和应用能力。这种综合性的教学方式可以提高学生的思维能力和创造力,使其在面对复杂问题时具备更强的解决能力和创新能力。

第二节 探索跨学科古诗文教学模式,促进学科之间的互动与交融

一、项目制古诗文教学模式的设计与实施

(一)项目制古诗文教学模式的设计

项目制古诗文教学模式是将古诗文作为一个整体项目,通过跨学科的方式进行教学的模式。在设计这种模式时,可以按照以下步骤进行:

1.确定教学目标

明确学生需要掌握的古诗文知识和能力,并考虑如何与其他学科领域相融合,培养学生的综合能力。

2.选择古诗文项目

根据学生的年级和学习需求,选择适合的古诗文项目,可以包括某个古代诗

人的作品、某个历史时期的诗词等。

3.整合其他学科内容

将古诗文项目与其他学科内容相结合，形成综合性的教学方案。可以选择与历史、艺术、音乐等学科相关的内容，通过多元化的学习资源和活动，使学生在不同学科领域中应用所学的古诗文知识。

4.设计教学活动

根据古诗文项目和其他学科内容，设计多样化的教学活动，如小组合作探究、课堂讨论、实地考察等。通过这些活动，学生可以深入了解古诗文的背景、意义以及与其他学科的联系，培养批判性思维和创新能力。

5.制定评估方式

根据教学目标，制定相应的评估方式，如口头报告、书面作业、项目展示等。评估不仅能促进学生对古诗文知识的理解，还能够促进其跨学科思维和综合能力的发展。

（二）项目制古诗文教学模式的实施

在实施项目制古诗文教学模式时，可以采用多种教学策略，使学生能够全面参与，并从中获得知识和经验。以下是一些常见的实施策略：

1.小组合作探究

将学生分成若干小组，让他们共同研究和分析某个古诗文项目。每个小组可以有一个特定的任务或角色，例如主持人、记录员、讲解员等，通过合作讨论和交流，促进学生彼此之间的学习交流和合作。

2.实地考察

组织学生到与古诗文相关的地点进行实地考察，如历史遗址、文化景区等。通过亲身体验和观察，学生可以更加直观地感受到古诗文作品所描绘的景象和情感，增强对文化内涵的理解和欣赏。

3.跨学科整合

将古诗文项目与其他学科内容相融合，例如在历史课上讲解古代诗人的时代背景，音乐课上演唱古代诗词的曲调等。通过跨学科的学习和应用，学生可以更好地理解古诗文的创新思维。

4. 课堂讨论与演讲

组织学生进行课堂讨论或演讲，让他们分享对古诗文作品的理解和感悟。通过互动交流，不仅可以提高学生的口头表达能力，还可以促进彼此之间的学习和合作。

（三）项目制古诗文教学模式的效果评估

为了评估项目制古诗文教学模式的效果，可以采用以下评估方式：

1. 口头报告

要求学生在课堂上进行口头报告，分享对古诗文项目的理解和感悟。教师通过听取学生的表达，可以了解他们对古诗文知识的掌握程度和对文化内涵的理解。

2. 书面作业

布置相关的书面作业，如读书笔记、观察日志、项目总结等。教师通过对作业的评阅和分析，可以了解学生对古诗文项目的整体理解和应用能力。

3. 项目展示

组织学生展示他们在古诗文项目中的成果和学习经验。通过观摩学生的展示，可以全面了解他们对古诗文知识的掌握程度和跨学科能力的发展情况。

通过以上评估方式，可以对学生的学习情况进行综合评价，从而及时调整教学策略并提供个性化的指导。

（四）项目制古诗文教学模式的优势与挑战

项目制古诗文教学模式有以下优势：

1. 跨学科学习

能够将古诗文知识与其他学科内容相结合，培养学生的综合能力和跨学科思维，提高学习效果和学科整合能力。

2. 学习兴趣

通过多样化的教学活动和实践体验，激发学生的学习兴趣和参与的主动性，提升其学习积极性和动力。

3. 创新能力培养

通过项目制古诗文教学模式，学生可以进行自主探究和创新思考，培养创造力和解决问题的能力。

然而，在实施项目制古诗文教学模式时，也会面临一些挑战：

1. 教师跨学科知识水平不够

教师需要具备丰富的跨学科知识，以便将古诗文与其他学科内容相融合。因此，教师需要进行专业培训和知识更新。

2. 教学资源匮乏

教学资源的获取与整合可能存在困难，需要学校提供必要的支持，以确保教学质量和效果。

（五）项目制古诗文教学模式的改进与发展

为了不断改进和发展项目制古诗文教学模式，可以从以下方面进行探索和实践：

1. 教师专业发展：加强教师的专业发展和知识更新，培养其跨学科教学能力，提高教学质量。

2. 教学资源和技术支持：积极引进先进的教学资源和技术，如信息技术、多媒体教具等，提升教学效果和学生的学习动力。

3. 学科整合的研究与创新：鼓励教师开展学科整合的研究与创新，探索更好的项目制古诗文教学模式，丰富教材内容和教学方法，提高学生学习的多样性和深度。

通过不断改进和发展，项目制古诗文教学模式可以更好地促进学生的全面发展，培养其综合能力和创新思维，提高对古诗文的理解和欣赏水平。因此，这种跨学科融合的教学模式有助于拓展学生的知识视野，促进学科之间的互动与交融，为学生的综合素质提供有益的教育途径。

二、探究性古诗文教学模式的运用与反思

（一）探究性古诗文教学模式的运用

探究性古诗文教学模式是一种积极引导学生主动思考、参与讨论和自主探索的教学方式。在这种模式下，教师的角色不再是传授知识的一方，而是起引导者和促进者的作用。教师通过提出问题、组织讨论、引导实践等方式来激发学生的学习兴趣。

首先，在探究性古诗文教学中，教师可以通过提出问题的方式引导学生思考。例如，可以向学生提问："诗中的意象是什么？它们给你什么感触？"这样的问题会引发学生对古诗文的思考和解读，促使他们深入理解诗歌所传达的情感和意境。

其次，教师可以组织学生进行小组讨论，以促进他们之间的合作与交流。通过分组讨论，学生可以分享彼此的见解和观点，相互倾听和学习，提高自己的思辨能力和表达能力。这种互动的过程不仅能够丰富学生的思维，还能够培养他们的合作精神和团队意识。

最后，教师可以通过引导实践的方式，让学生亲身体验与古诗文相关的活动。例如，可以组织学生进行诗歌朗诵、创作或表演，让他们通过实际行动来感悟古诗文所表达的情感和意境。这样的实践活动能够增强学生对文学艺术的体验，提升他们的情感表达和创造力。

（二）探究性古诗文教学模式的反思

使用探究性古诗文教学模式时，教师需要不断反思自己的教学方法和策略，以提高教学效果和满足学生的需求。教师可以通过观察学生的学习状态、听取学生的意见和反馈等方式，了解教学效果，并针对学生的问题进行及时的调整和改进。

首先，教师需要关注学生的学习情况和问题。通过观察学生的学习态度、表现和参与程度，可以了解他们对探究性古诗文教学的接受程度和理解程度。同时，教师还可以收集学生的意见和反馈，了解他们的学习需求和关注点，从而更好地调整教学策略和方法。

其次，教师需要反思自己的教学方法和手段。教师可以回顾自己在教学中所使用的问题设置、讨论组织等方法是否得当，是否能够引导学生进行深入思考和探索。同时，教师还可以对课堂时间的安排和资源的利用进行反思，确保学生有足够的时间和机会进行学习和实践。

最后，教师需要根据学生的需求和反馈进行改进。根据观察和收集的信息，教师可以针对学生的问题和困惑进行解答和辅导，以提供更好的学习支持和帮助。同时，教师还可以根据学生的反馈对教学内容进行适当的调整和补充，以满足学生的学习需求。

通过反思和调整，教师可以不断提升自己的教学水平和教学效果，为学生提供更好的学习体验和学习效果。

（三）探究性古诗文教学模式的价值与意义

探究性古诗文教学模式具有以下价值与意义：

首先，探究性古诗文教学能够激发学生的学习兴趣和主动性。在这种教学模式下，学生成为学习的主体，可以通过自主思考、讨论和实践来探索和理解古诗文，通过这种主动参与，积极探索的方式，从而提高了学生的学习动力和学习效果。

其次，探究性古诗文教学能够培养学生的思考和创新能力。通过对针对性问题的深入思考和多角度的探索，可以培养学生的批判性思维和创造性思维。让他们学会提出问题、分析问题、解决问题，培养独立思考和解决问题的能力。

此外，探究性古诗文教学能够帮助学生更好地理解和感悟古诗文的内涵。通过自主探索和讨论，学生可以深入理解古诗文中所表达的情感和意境，更加细致入微地品味古诗文，培养对文学艺术的审美和鉴赏能力，开阔视野，提升个人修养与素质。

最后，探究性古诗文教学为学生终身学习奠定了坚实基础。通过自主探索和思考，学生能够养成良好的学习方法和习惯，培养持续学习的意识和能力。他们将成为具有自主学习能力的人才，能够适应未来社会和职业发展的需求。

（四）探究性古诗文教学模式的适用范围和展望

探究性古诗文教学模式适用于小学各年级，可以根据学生的年龄特点和学科内容进行灵活运用。对于低年级学生，可以通过引导学生欣赏古诗文，并提出简单的问题，激发他们的兴趣和想象力。对于高年级学生，可以通过讨论、实践等方式加深对古诗文的理解和感悟。

未来，我们可以进一步探索和研究如何将探究性古诗文教学模式与信息技术手段相结合，以进一步提升教学效果和学生的学习体验。例如，可以利用多媒体技术开展互动课堂，让学生通过网络资源进行自主学习和交流。同时，可以开发相关的教学软件或平台，提供个性化、差异化的学习资源和评价体系，满足学生不同层次和兴趣的学习需求。

三、课题式古诗文教学模式的展开与评价

（一）课题式古诗文教学模式的展开

课题式古诗文教学模式是以一个具体的课题方法和学习资源展开的教学活动。在展开过程中，可以引导学生进行文本分析、创作实践、讨论交流等，培养学生的文学鉴赏和表达能力。

在课题式古诗文教学中，首先需要选择一个具有一定深度和广度的古诗文课题，例如一位古代诗人的创作风格、某个时期的文学流派等。然后，根据课题的特点和难度，设计相应的教学内容和学习任务。

在展开教学活动时，可以采用多种有效的教学方法，如集体讲授、小组合作、个别指导等，以满足不同学生的学习需求。同时，教师还可以引导学生进行文本分析，从字词、句法、修辞手法等方面解读古诗文的含义和艺术特点。

此外，课题式古诗文教学还应注重学生的创作实践。教师可以引导学生使用适当的修辞手法、运用形象生动的语言描写等，帮助他们完成古诗文的创作。通过模仿古诗文的形式和风格，学生可以深入理解古人的创作意图，培养自己的文学表达能力。

除了个人创作外，课题式古诗文教学还可以组织学生进行讨论交流。通过小组讨论、班级展示等形式，学生可以分享自己对古诗文的理解和感悟，与同学们进行学术互动，拓宽视野，丰富思考。

通过课题式古诗文教学模式的展开，学生可以全方位地了解古诗文作品，培养其对文学的鉴赏能力和批判思维，提升其文学素养和表达能力。

（二）课题式古诗文教学模式的评价

在评价课题式古诗文教学模式时，可以从学生的学习成果、表现和参与度等方面进行综合评估。通过多种评价方式和评价工具，既可以客观地评估学生的学习情况，也可以了解他们对教学活动的认可程度。

评价学生的学习成果可以包括学习笔记、作业完成情况、课堂表现等。教师可以根据学生的作品和表现，判断其对古诗文的理解程度、文学鉴赏能力以及创作水平等。

评价学生的参与度也是评价课题式古诗文教学模式的重要指标。通过观察学生在讨论交流中的发言情况、小组合作中的角色扮演以及个人创作的积极性等，可以了解学生对教学活动的态度和参与程度。

此外，还可以邀请学生和家长参与评价，了解他们对教学活动的认可程度，并接受他们的意见和建议。通过多元化的评价方式，可以全面地了解学生对课题式古诗文教学模式的态度。

（三）课题式古诗文教学模式的优势与挑战

课题式古诗文教学模式的优势在于能够通过一个具体的课题引发学生的学习兴趣和思考，培养其多方面的能力。首先，该模式能够提供一个有针对性的教学内容，帮助学生更深入地了解古诗文的背景、内涵和艺术特点。其次，通过多种教学方法的运用，学生可以进行文本分析、创作实践、讨论交流等活动，培养其文学鉴赏和表达能力。最后，通过课题式古诗文教学，学生还能够拓宽视野，培养跨学科思维和创新意识。

然而，展开课题式古诗文教学模式可能需要一定的时间和资源投入。教师需要花费较多的时间来设计课题、筹备教材和准备教学活动，同时还需关注学生的学习进度和反馈。此外，教师在开展课题式古诗文教学时，还需要有较高的教学设计和指导能力，以确保教学目标的达成。

（四）课题式古诗文教学模式的改进与发展

为了不断改进和发展课题式古诗文教学模式，可以采取以下措施：

首先，加强教师的专业培训和教学研究。教师需要不断提升自己的古诗文知识和教学技能，了解教学新方法和资源，以更好地指导学生的学习。

其次，提供丰富的教学资源和支持。教学资源包括教材、课件、参考书等，这些资源可以帮助教师更好地设计和展开教学活动。此外，还可以建立学生参与课题式古诗文教学的平台，提供学习资料、讨论交流等支持。

最后，鼓励教师间的合作和交流，共同探讨如何进一步提升教学效果和学生的学习成果。可以通过教研活动、教学观摩等形式，促进教师之间的互相学习和互相借鉴。

四、综合素养培养与古诗文教育的有机结合

（一）综合素养培养与古诗文教育的关系

综合素养培养是培养学生全面发展的一种教育目标，而古诗文教育在其中起着重要的作用。古诗文作为中华文化的瑰宝，承载着深厚的思想、情感和价值观，通过学习古诗文，学生可以培养语言表达能力、审美情趣、人文关怀等多方面的素养，提高其综合素质。

首先，古诗文教育有助于培养学生的语言表达能力。古诗文作为文学艺术的重要形式，其语言表达具有鲜明的特点和极高的艺术性。学生通过学习古诗文，可以锻炼自己的语言能力，提高对词汇、语法和修辞手法的理解和运用，从而提升自己的语文水平。

其次，古诗文教育有助于培养学生的审美情趣。这是因为，古诗文作品包含了丰富的意象、优美的韵律和深邃的情感，通过欣赏古诗文作品，学生可以提高对美的感知能力和欣赏能力，培养自己的审美情趣，并在日常生活中形成对美的追求和欣赏的良好习惯。

最后，古诗文教育还有助于培养学生的人文关怀。这是因为，古诗文作品中蕴含着丰富的人生哲理和社会情感，学生通过学习古诗文，可以扩大自己的人文视野，增进对人类文化传统和人类命运的思考和认知，培养自己对他人、社会和环境的关怀和责任感。

（二）综合素养培养与古诗文教育的有机结合方式

为了实现综合素养与古诗文教育的有机结合，可以在教学中培养学生的语言表达能力和创造思维，引导他们进行情感体验和价值观的探究。同时，还可以将古诗文融入其他学科的教学中，促进跨学科学习和综合能力的培养。

首先，在古诗文教育中应注重培养学生的语言表达能力和创造性思维。教师可以通过启发式教学、创设情境等方式，引导学生进行古诗文作品的研读和欣赏，并鼓励他们进行个人情感和思考的表达。通过给予学生充分的表达空间和时间，培养学生的语言表达能力和创造思维，提高其对古诗文作品的理解和感悟。

其次，在古诗文教育中应注重情感体验和价值观探究。古诗文作品中蕴含着

丰富的情感和价值观,可以引发学生对人生、社会和价值的思考。教师可以通过情感体验的方式,引导学生深入感受古诗文作品中所描绘的情感和意境,通过情感共鸣来加深对作品的理解和感悟。同时,还可以通过讨论和思考的方式,引导学生探究古诗文作品中所蕴含的人生哲理和价值观,培养其正确的价值观和道德判断能力。

最后,将古诗文教育融入其他学科的教学中,促进跨学科学习和综合能力的培养。古诗文与历史、地理、音乐等学科有着密切的联系,可以通过跨学科的教学设计,将不同学科的知识和概念与古诗文相结合,促进学生对多学科知识的整合和应用能力的培养。例如,在音乐课上可以演唱古代诗词的曲调、欣赏古诗文的音乐表现等。通过跨学科的学习和应用,学生可以更好地理解古诗文的内涵和意义,培养其跨学科思维和综合能力。

(三)综合素养培养与古诗文教育的评价方法

评价综合素养培养与古诗文教育的方式可以多样化,包括学生的学习成果展示、参与度评估、综合素质评价等。

首先,学生的学习成果展示是一种常见的评价方式。学生可以创作作品、写作品鉴赏和创作、进行口头报告等形式,展示自己在古诗文教育中的学习成果,通过作品的质量和表现力来评价学生对古诗文知识的掌握程度和对文化内涵的理解程度。

其次,参与度评估是评价学生在古诗文教育中的主动参与程度的一种方式。通过观察和记录学生在课堂上的参与度、互动情况、合作习惯等,对学生的学习态度和责任感进行评价。学生积极参与、提问和分享的程度可以反映其对古诗文教育和综合素养培养的态度和意愿。

最后,还可以运用综合素养评价来了解学生在古诗文教育中的发展情况。综合素养评价是一种综合考核学生学科知识、思维方法、实践能力和道德品质的评价方式。通过综合素养评价,可以全面了解学生的学习态度、创新思维、协作能力、人文关怀等综合素养的发展情况。例如,可以通过作品评价、实践考察、项目展示等方式,对学生的综合素养进行评估和等级划分。

通过多种评价方法的运用,可以全面了解学生在综合素养培养与古诗文教育中的发展情况，从而及时调整教学策略，提高教学效果。同时，评价结果也可以为学生提供个性化的指导和反馈，促进其在综合素养和古诗文学习方面的进一步发展。

（四）综合素养培养与古诗文教育的持续发展

为了实现综合素养培养与古诗文教育的持续发展，需要加强教师的专业发展和研究，建立有效的教学评价机制，完善教学资源和支持体系。同时，还需要家长和社会各界的积极参与和支持，形成良好的教育生态环境。

首先，教师作为教育的重要推动者和实施者，需要不断提高自身的专业素养和知识水平。教师应加强对古诗文教育理论和教学方法的学习和研究，了解国内外相关研究成果和教学经验，不断优化和创新教学方案，提高教学质量的有效性。

其次，建立有效的教学评价机制是推动综合素养培养与古诗文教育持续发展的重要保障。学校可以建立多层次、多维度的评价体系，这个评价体系既注重学生学业水平的评价，又注重学生综合素养和品德发展的评价，使评价结果能够真实地反映学生的实际水平和发展情况。

再次，完善教学资源和支持体系也是推动综合素养培养与古诗文教育持续发展的重要条件。学校可以组织相关培训和研讨活动，提供丰富的教学资源和优质的教材，为教师的教学工作提供必要的支持和保障。同时，还可以积极开展与社会的联系与合作，吸纳社会资源，为学生提供更广阔的学习机会和发展空间。

最后，家长和社会各界的积极参与和支持也是推动综合素养培养与古诗文教育持续发展的关键环节。所以家长应积极关注孩子的学习情况，主动与学校和教师沟通，共同关心并合理引导孩子的学习与成长。同时，社会各界应加大对古诗文教育的支持力度，鼓励学校和教师进行创新实践，提供更好的教育环境和资源条件，为学生的综合素养培养和古诗文教育的持续发展提供实际的支持。

第十一章　培养新课标下小学语文教师专业素养

第一节　教师的古诗文知识与能力要求

一、熟悉古诗文的基本知识和经典作品

（一）熟悉古诗文的分类体系和基本特点

了解古诗文的分类体系是教师的基本要求之一。对不同时期的古诗文发展脉络进行了解，可以帮助教师更深入地理解和解读不同时期的古诗文作品。古诗文主要有以下几种分类方式：

1. 按创作时代分类

古诗文作品按创作时代进行分类，可分为先秦诗文、汉魏六朝诗文、唐宋元明清诗文等。不同时代的古诗文反映了不同的历史背景和文化氛围，也有着各自独特的艺术特点和表现形式。

2. 按体裁分类

古诗文作品按照体裁可以分为诗和文两大类。诗包括诗歌和赋，其中诗歌以韵律为主，如绝句、律诗，而赋则是一种较为长篇的韵文散文。文则是以散文的形式表达思想感情的，如《论语》《庄子》等。

3. 按风格分类

古诗文作品按风格分类，可分为豪放派、婉约派、山水田园派等。不同的风格的古诗文作品体现了作者对于世界的不同观照和情感倾向，也反映了当时社会文化的特点和审美趣味。

古诗文作品追求言简意赅、含蓄而深刻的表达方式，更注重音韵美、意境美的营造，同时运用一定的修辞手法表达其思想感情。了解古诗文的基本特点也是教师必备的知识。教师只有熟悉这些特点，才能更好地指导学生理解、欣赏和创作古诗文。

（二）掌握古代诗歌的基本韵律和格律要求

古代诗歌是古诗文中的重要组成部分，而韵律和格律则是古代诗歌的基本要素之一。教师只有掌握古代诗歌的基本韵律和格律要求，才能更好地指导学生创作和欣赏古代诗歌。

1. 韵律

古代诗歌注重韵律的运用，韵律包括平仄（即平声和仄声）和押韵。平仄是指古代汉字的音调，而押韵则是指诗句中相邻的字音相同或近似。了解韵律的规律可以帮助学生更好地把握诗歌的节奏感和韵律美，使作品更加优美流畅。

2. 格律要求

古代诗歌的格律要求根据体裁的不同而有所差异。例如，五言绝句要求每句五个字，平仄相间，押韵工整；七言绝句要求每句七个字，同样要求平仄相间、押韵工整；律诗则要求每句字数相等，其平仄和押韵的规则更为严格。

教师可以通过讲解格律的基本原则和具体实例，帮助学生理解和掌握古代诗歌的基本韵律和格律要求，并鼓励学生在创作中积极运用这些原则。

（三）了解古文的基本特点和阅读方法

古文是古诗文的另一重要表现形式，其特点是以散文形式表达思想感情，追求文字流畅、意境深远。教师需要了解古文的基本特点，如句读、段落结构等，并熟悉古文的阅读方法，以便更好地指导学生准确理解古文的内涵，培养学生对古文的欣赏能力和批评性阅读能力。

1. 句读

古文的句读特点包括句子结构简练、修辞手法的运用以及语气的抑扬顿挫等。教师可以通过分析句子的结构和修辞手法，帮助学生更好地理解古文句子的含义和表达方式。

2. 段落结构

古文大致分为引子、承接、发展、高潮和结尾等部分，各部分之间有机衔接，共同组成一个完整的篇章结构。教师可以通过分析段落结构，引导学生理解古文的主题和内容发展。

古文的阅读方法包括整体把握、细节理解、名句欣赏等。整体把握是指把握古文的中心思想和篇章结构；细节理解是指理解古文中的具体细节和具体表达；名句欣赏是指欣赏古文中的优美语句，领悟其中的意境和思想。

教师可以通过解读范例和实践操作，培养学生对古文的理解能力和鉴赏能力，并引导他们运用以上阅读方法去准确理解和把握古文的内涵。

（四）掌握古诗文的背景知识和流传情况

了解古诗文的背景知识和流传情况，有助于教师更好地解读和引导学生理解古诗文作品。教师需要了解作者的生平背景、创作动机等，以及作品在当时的流传情况、所产生的影响力等。

1. 作者背景

了解作者的生平背景可以帮助教师和学生更好地理解古诗文作品。作者的生平背景包括出生地、家庭背景、教育经历等方面的信息，这些信息与作者的思想观念和创作倾向有密切关系。

2. 创作动机

了解古诗文作品的创作动机可以帮助教师和学生更好地理解作品的内涵和意义。创作者的经历、社会背景、时代氛围等因素会影响作品的主题、情感倾向和艺术表现。

3. 流传情况和影响力

了解古诗文作品在当时的流传情况和影响力可以帮助教师和学生更好地评价作品的艺术价值和历史意义。作品的流传情况包括刊行、传抄、口耳相传等方式，而影响力则包括作品对后世文学创作和思想传承的影响程度。

教师可以通过讲解相关的历史背景知识和文化背景知识，帮助学生更好地理解古诗文作品的文化内涵和历史背景，提升学生的文化素养和审美水平。

（五）研究古代文学评论和研究成果

作为教师，不仅要熟悉古诗文作品本身，还需要关注古代文学评论和研究成果。通过研究古代文学评论和研究成果，教师可以了解不同学者对于古诗文的解读和评价，进一步提升自己对古诗文作品相关知识的理解能力。

古代文学评论和研究成果是对古诗文作品分析，这种评论包括对作品的内涵、艺术手法、思想意义等方面的讨论。教师可以借鉴不同学者的观点和解读方法，通过对比与过滤，规避那些不太准确的信息，不断提高自己教授古诗文知识的水平。同时，教师也可以鼓励学生发表自己独立的见解，并启发他们进行更深入的文学研究，以拓宽视野，提高思辨能力。

二、了解古诗文的发展历程和研究动态

（一）了解古代文学的发展历程和主要代表作品

古代文学的发展历程悠久而丰富多样，教师应了解各个时期的文学特点和主要代表作品，以便更好地指导学生理解和欣赏古代文学作品。

先秦时期是中国古代文学发展的起点，代表作品有《诗经》《楚辞》等。《诗经》是我国最早的一部诗歌总集，记录着先民的生活经验与情感体验；《楚辞》则以其丰富的意象和独特的语言风格而著称，是中国古代优秀的抒情诗作品之一。

汉魏六朝时期的文学以骈文和乐府诗为代表。骈文以其规整的句式和华丽的辞藻吸引了大量的读者，代表作品有《世说新语》《文选》等；乐府诗以其真实的写实性和深刻的情感表达感动了古今人心，代表作品有《木兰诗》《洛神赋》等。

唐宋时期是中国古代文学的黄金时代，代表作品众多且辉煌。唐代的代表作品有王之涣的《登鹳雀楼》、杜牧的《秋夕》等；宋代的代表作品有苏轼的《赤壁赋》、辛弃疾的《青玉案·元夕》等。

到元明清时期，文学风格开始变得浑厚沉稳，代表作品有元曲、明传奇和清代的诗文等。元曲以其生动活泼的表现形式和深入人心的题材吸引了广大观众，代表作品有关汉卿的《汉宫秋》、白朴的《珍珠塔》等；明代传奇则以其戏剧性的特点和丰富的想象力而受到广泛赞誉，代表作品有郑光祖的《窦娥冤》等；清

代的诗文追求气质和意境的凝练，代表作品有袁枚的《马丹阳传》、李煜的《虞美人·春花秋月何时了》等。

了解古代文学的发展历程和主要代表作品，教师可以更好地指导学生理解和欣赏这些作品，从而提高学生对古代文学的认识和鉴赏水平。

（二）追踪古诗文研究的最新动态和成果

古诗文研究是一个活跃而不断发展的领域，教师应该密切关注古诗文研究的最新动态和成果，以便更新自己的知识储备，提高对古诗文的解读水平，并将最新的研究成果融入教学中，使学生受益于最前沿的研究成果。

首先，教师可以关注古代文学研究界的学术刊物和学术期刊，如《中国文学研究辑刊》《中国古代文学研究》等，通过阅读相关文章了解学术界对于古诗文的新解读和新研究方法。

其次，教师可以关注古代文学研究机构和学术团体的活动，如中国古代文学研究中心、中国古代文学学会等，参加学术讲座、学术会议等活动，了解学界对古诗文研究的最新动态和学术成果。

最后，教师还可以关注古代文学研究领域的学者和专家的最新著作和研究成果，透过他们的研究成果了解古诗文的深层次内涵和重要价值。

通过追踪古诗文研究的最新动态和成果，教师可以不断更新自己的知识储备，拓宽对古诗文研究的视野，提高对古诗文的解读水平，并将研究成果融入教学中，激发学生的学习兴趣和思考能力。

（三）了解古诗文在当代的传承与创新

古诗文作为中国古代文学的瑰宝，虽然诞生于古代，但在当代仍然具有重要的传承和创新价值。因此，教师需要了解古诗文在当代的传承与创新情况，以便更好地引导学生认识古诗文作品的生命力和对现实的意义。

首先，教师可以关注古诗文的传承与创新在文学创作领域的表现。现代作家通过对古代文学的借鉴、模仿和再创作，使古诗文的艺术形式和情感表达方式得以延续和发展。教师可以引导学生阅读现代作家对古诗文的现代诠释和创作实践，例如余光中的《分水岭上：余光中评论文集》，鲁迅的《三闾大夫》等。

其次，教师需要关注古诗文在教育领域的传承与创新。现代教育将古诗文列为语文教学的重要内容之一，并在教学中注重启发学生的思维、培养学生的审美情趣和语言表达能力。为了开展好古诗文教学，教师可以引导学生通过创作、讨论、朗诵等方式进行古诗文的学习和体验，激发学生对古诗文的兴趣和热爱。

最后，教师还可以关注古诗文在文化交流和国际传播方面的传承与创新。古诗文作为中华文化的瑰宝，正逐渐走向国际舞台。教师可以引导学生参与相关的国际活动和比赛，在此过程中与他国学生共同探索、分析和解读古诗文作品，促进跨文化交流活动的开展。

通过了解古诗文在当代的传承与创新，教师可以引导学生认识到古诗文的活力和现实意义，培养学生对于古诗文的理解、创作和传承能力。

（四）关注与古诗文相关的学术研究机构和学术活动

古诗文作为中国文化的重要组成部分，得到了学术界的广泛关注和研究。教师应多关注与古诗文相关的学术研究机构和学术活动，以增进自身的学术素养，并将学术成果与教学实践相结合，推动古诗文教育的发展。

首先，教师可以关注国内外的古代文学研究中心和研究机构。这些研究机构致力于对古代文学作品进行深入研究与解读，不断拓展古代文学领域的研究范围。经常关注这些机构的学术活动和研究成果，有助于教师了解当前古代文学研究的最新动态和发展趋势。

其次，教师可以参加古代文学研究领域的学术会议和学术讲座。这些学术活动通常由学术机构、大学或研究机构主办，为教师提供了一个与同行们交流、分享研究成果和经验的平台。通过参加这些学术活动，教师可以了解古诗文领域最新的研究思路。此外，教师还可以关注一些重要的古代文学研究领域的学术期刊和学术出版物，如《中国古代文学研究》《文学遗产》等。通过阅读这些期刊和出版物，教师可以了解当今古代文学领域内的研究动态、观点与研究方法，从而提高自身的学术素养和研究能力。

通过关注与古诗文相关的学术研究机构的学术活动，教师可以及时了解前沿的研究动态与成果，保持对外界敏锐的感知，提高自身的学术水平，并将学术成果应用于教学实践中，从而推动古诗文教育的发展。

三、理解古诗文教育的重要性与特点

（一）认识古诗文学习对学生综合素养发展的重要性

古诗文作为中国传统文化的重要组成部分，对于学生的综合素养发展具有重要意义。首先，古诗文可以培养学生的语言表达能力。因为古诗文作品大都注重文字的精练和凝练，通过优美的语言表达思想和感情，培养学生的语言感知和运用能力。学生通过学习古诗文，可以提升自己的词汇量、语法结构的理解和使用能力，使其在语言表达方面更加得心应手。

其次，古诗文学习可以培养学生的审美情趣。古诗文以其独特的形式和内涵，引发人们对音韵美、意境美的追求。学生通过欣赏古诗文作品，可以培养自己的审美意识，领悟并欣赏其中所蕴含的美感。古诗文作品的音韵和意象的构建，可以让学生在审美的过程中感受到美的力量，进而提升自己的审美情趣。

再次，古诗文还可以培养学生的情感体验能力。古诗文作为一种抒发情感和思考的艺术形式，可以帮助学生更好地理解和表达自己的情感。学生通过阅读和欣赏古诗文作品，可以体验到作品中所表达的各种情感，从而培养自己对情感的感知和理解能力，有助于提升情商和情绪管理能力。

最后，古诗文学习可以培养学生的逻辑思维能力。古诗文作品往往通过修辞手法的运用来创造一种意象，呈现出一种独特的思维方式。学生在解读古诗文作品的过程中，就需要运用自己的思维进行推理、归纳和概括，培养自己的逻辑思维能力和批判性思维能力。古诗文作品中丰富的隐喻和象征也可以激发学生的联想和想象力，从而培养学生的创造性思维。

（二）了解古诗文教育的独特性和挑战性

古诗文教育具有独特的教学内容和教学目标。相比于现代文学作品，古诗文更加注重文字之美、意境之美的表达，因此对学生的语言理解和感知能力提出了较高的要求。古诗文教育还需要结合历史背景和文化内涵进行讲解和解读，这也在一定程度上增加了教学的难度。

首先，古诗文教育注重文字之美、意境之美的表达。古诗文作为一种艺术形式，追求言简意赅、含蓄而深刻的表达。因此学生在学习古诗文时，需要仔细品味每一个字词的含义和构造，体验作品中所要传递的意境和情感。这对学生的语言理解和感知能力提出了较高的要求，需要他们具备较强的文字分析和解读能力。

其次，古诗文教育需要教师结合一定的历史背景和文化内涵对其进行讲解和解读。古诗文作为中国传统文化的一部分，其作品往往受到历史、文化等方面的影响。为了更好地理解和解读古诗文作品，教师需要结合作品的创作背景和时代背景，介绍相关的历史事件和文化内涵。这对教师的学科知识和教学准备工作提出了较高的要求，需要他们具备丰富的文化知识，从而进行深入的研究。

最后，古诗文教育还需要培养学生对于古代文化的理解和感受力。古诗文作为中国传统文化的重要组成部分，其背后蕴含着丰富的历史文化内涵和价值观念。教师在进行古诗文教育时，需要引导学生认识到古诗文作品所反映的历史背景和社会风貌，增加学生对于古代文化的理解和感受。这对于教师的文化素养和教学能力都提出了较高的要求，需要他们具备深入的文化研究和教育教学经验。

（三）培养学生的鉴赏能力和创作能力

古诗文教育不仅仅是对古诗文作品的理解和解读，还需要注重培养学生的鉴赏能力和创作能力。通过欣赏古诗文作品，教师可以引导学生感受其中的音韵美和意境美，从而让学生通过欣赏古诗文作品而提升自身的审美能力。

首先，教师可以引导学生分析古诗文作品中的音韵美和节奏美。古诗文作品通常追求音韵的和谐和节奏的流畅，通过有节奏的押韵和平仄的变换，使作品在演唱或朗诵时产生美感。教师可以帮助学生理解并感受作品中的音韵美，与学生一起朗读、吟咏古诗文作品，体验其中的音韵美。

其次，教师可以引导学生欣赏古诗文作品中的意境美和形象美。古诗文作品通过精彩绝伦的描写和抒发手法，建构出独特的意象和情感，让人心生共鸣。教师可以通过解读作品中的意象和形象，让学生更好地感受其中的美感，增强其审美能力。

最后，教师还可以组织学生进行古诗文创作活动，以激发学生的创作潜力，培养学生的文学创造能力。通过创作古诗文，学生可以运用自己的语言表达，发挥想象力，从中体验创作的乐趣和成就感。在此过程中，教师可以给予学生充分的创作空间和指导，鼓励他们勇于表达和创新，从而培养学生的文学创造能力和创新思维能力。

（四）了解古诗文教育的独特性和挑战性

古诗文教育不仅仅是对古诗文作品的理解和解读，还需要注重培养学生的鉴赏能力和创作能力。通过欣赏古诗文作品，教师可以引导学生感受其中的音韵美、意境美，让学生通过欣赏古诗文作品提升自身的审美能力。

首先，古诗文作为中国传统文化的重要组成部分，其作品往往具有独特的艺术表达方式和文化内涵。学生在学习古诗文时，需要认识到其与现代文学作品的区别，并理解其中所蕴含的历史文化背景。这就要求教师具备丰富的文化知识和深入的研究成果，能够将历史和文化背景与作品的解读相结合，从而更好地理解和欣赏古诗文。

其次，古诗文作品往往需要进行深度的解读和剖析，而这需要学生具备较强的分析和批判能力。古诗文作品的语言表达往往含蓄而深刻，需要学生运用自己的逻辑思维和推理能力去理解其中隐含的意义。教师可以通过提问和讨论的方式，激发学生的思考和分析能力，引导他们从多个角度去理解和评价古诗文作品。

最后，古诗文作品中丰富的意象和修辞手法，对学生的想象力和创造力提出了一定的挑战。学生在解读古诗文时，需要通过联想和想象去理解作品中所描绘的情景和情感。教师可以通过示范和引导，培养学生的联想能力和创造性思维，使其在阅读和欣赏古诗文中能够充分发挥自己的想象力，增强对作品的理解和感受。

四、具备批评性阅读和解读古诗文的能力

（一）了解古诗文批评的基本理论和方法

古诗文批评是对古代文学作品进行深入分析和评价的学术研究领域。教师需要掌握古诗文批评的基本理论和方法，以帮助学生更好地理解和解读古诗文作品。

1. 文本批评

文本批评注重对古诗文本身的分析和评价，包括对作品的结构、风格、语言等方面进行探究。教师可以通过分析诗歌的体裁特点、韵律规律、修辞手法等，帮助学生从文本层面深入理解古诗文的艺术特点和表现意义。

2. 意象批评

意象批评关注作品中的意象和象征，以及它们所传达的思想和情感。教师可以引导学生通过分析作品中的意象和象征，了解其中蕴含的意义，从而深入理解古诗文的主题和内涵。

3. 风格批评

风格批评聚焦作品的艺术风格和表达方式，包括语言风格、修辞技巧、节奏感等。教师可以通过分析古诗文的字音韵律、运用的修辞手法、表达情感的方式等，帮助学生把握作品的风格特点，深入理解古诗文的艺术之美。

4. 阐释批评

阐释批评注重对古诗文作品的解读和理解，包括作品的主题、情感、意义等方面的探索。教师可以引导学生通过对古诗文的整体结构和细节进行分析，推断作者的意图和思想，进而解读作品的深层意义。

了解古诗文批评的基本理论和方法，教师可以更全面地分析和解读古诗文作品，提高学生的诗歌欣赏能力和文学素养。

（二）培养学生的批评性阅读能力

培养学生的批评性阅读能力是古诗文教育的重要目标之一。批评性阅读是指学生通过深入分析和思考，对古诗文作品进行评价和解读的能力。

1. 提问和讨论

教师可以通过提问和讨论的方式激发学生的思考和表达，可以就古诗文作品的主题、意象、风格等方面提出问题，引导学生进行深入思考，鼓励他们提出自己的观点并进行讨论和交流。

2. 分析作品结构

教师可以引导学生分析古诗文的整体结构和各个部分的关系。通过分析古诗文的开头、发展和结尾等，帮助学生把握作品的逻辑和表达方式，培养他们整体把握作品的能力。

3. 比较和对比

教师可以引导学生比较和对比不同的古诗文作品，分析它们之间的异同和特点。通过比较分析，学生可以更好地理解不同作品的特色和风格，培养他们从多个角度思考和分析的能力。

4. 写作批评性评论

教师可以布置批评性评论的写作任务，要求学生对古诗文进行评价和解读。通过写作批评性评论，学生可以进一步培养自己的批判性思维和表达能力，加深对古诗文的理解和认知。

通过培养学生的批评性阅读能力，学生可以更深入地理解和解读古诗文作品，提高自己的文学鉴赏能力和批判性思维能力。

（三）解读古诗文中的意象和象征

古诗文作者常常通过特定的意象和象征来表达思想、情感和意境。解读古诗文中的意象和象征是教师批评性阅读和解读的重要内容。

1. 意象分析

教师可以引导学生通过分析作品中的意象，了解其中所蕴含的意义和情感。比如可以关注作品中的具体形象和视觉描述，分析其所代表的含义和象征意义。

2. 象征解读

教师可以引导学生从整体上解读古诗文中的象征意义，主要通过分析作品中的象征符号、隐喻和比喻等，探究其所表达的思想和情感。

3. 联系主题和情感

教师可以帮助学生将意象和象征与作品的主题和情感联系起来，理解其相互关系。通过分析意象和象征在作品中的运用，加深对作品的主题和情感内核的理解。

通过解读古诗文中的意象和象征，学生可以更加全面地把握古诗文的表达意义和艺术特点，增强对其古诗文作品的理解和鉴赏能力。

（四）分析古诗文的风格和语言特点

古诗文的风格和语言特点是其独特之处，也是解读古诗文的重要内容。教师需要分析古诗文的风格和语言特点，帮助学生深入理解和欣赏古诗文的艺术之美。

1. 语言风格分析

教师可以引导学生分析古诗文的语言风格，包括使用的词汇、句法结构、修辞手法等。通过分析语言风格，学生可以更好地理解古诗文作品的情感和意境。

2. 修辞技巧分析

教师可以帮助学生分析古诗文中使用的修辞技巧，如比喻、拟人、夸张等。通过分析修辞技巧，学生可以了解古诗文作品中丰富多样的表达方式。

3. 音韵规律分析

教师可以引导学生分析古诗文作品的音韵规律，如平仄、押韵等。通过分析音韵规律，学生可以领略古诗文作品的韵律之美。

4. 表达方式分析

教师可以帮助学生分析古诗文作品的表达方式，如直抒胸臆、寄情于景、咏史抒怀等。通过分析表达方式，让学生互相交流和分享对古诗文的理解，从而激发学生的批判性思维和表达能力。

5. 布置论文写作

教师可以布置批评性评论或学术研究型的论文写作任务，以培养学生的批判性思维、文学鉴赏能力和学术研究能力，从而推动古诗文教育的深入发展。

（五）将批评性阅读和解读应用于教学实践

批评性阅读和解读古诗文不仅仅是一种理论研究，更需要将这种理论应用于教学实践中。教师可以通过分析古诗文的案例、引导学生进行小组讨论、布置论文写作等方式，将批评性阅读和解读融入教学过程中，培养学生对于古诗文的深入思考和批判性思维能力。

第二节 提升教师的教学设计与实施能力

一、掌握古诗文教学的设计原则和方法

（一）了解学生的学情特点和需求

教师在进行古诗文教学设计时，应充分了解学生的学习水平、语言表达能力、审美情趣等方面的情况，针对不同学生的特点和需求制订相应的教学方案。另外，了解学生的学情特点和需求还有助于教师更好地把握教学重点，提供适合学生发展的教学内容和方法。

首先，教师需要了解学生的学习水平。学生在接受古诗文教育之前，可能具有不同程度的识字和语言理解能力。教师可以通过课前调查、学生作品展示等方式，了解学生的学习水平，确定教学的起点和难度，并根据学生的需要提供个别化的辅导和指导，帮助学生逐步提高古诗文水平。

其次，教师需要了解学生的语言表达能力。古诗文注重文字的精练和意境的营造，所以要学好古诗文，就要求学生首先具备一定的语言表达能力。教师可以通过课堂讨论、作文等形式，观察学生的口头和书面表达能力，了解他们的不足和学习需求，并据此采取相应的教学策略和方法，帮助学生提高语言表达能力。

最后，教师还应了解学生的审美情趣。古诗文作为一种文章形式，它追求音韵美、意境美的表达，所以在学习的过程中要求学生具备一定的审美能力。教师可以通过让学生欣赏古诗文作品、赏析名篇等活动，观察学生对于音韵美、意境美的感受和理解，了解他们的审美情趣和偏好，从而根据学生的需求设计相应的教学内容和活动。

（二）确定清晰的教学目标和内容

教师需要明确教学中学生需要达到的知识、能力和素养目标，并根据不同年级和学科要求选择那些适当的古诗文内容，以保证教学的针对性和有效性。这是因为，明确教学目标有助于教师把握教学重点和方向，能够使教学更加有针对性

和系统性。

首先，教师应明确知识目标。古诗文教育旨在让学生了解和欣赏优秀的古代诗歌和古诗文的基本知识，理解其中的情感表达和意境美。为此，教师可以依据课程标准和学科要求，确定需要教授的古诗文知识点和重点，确保学生掌握相关的诗歌形式、韵律特点和修辞手法等方面知识。

其次，教师应明确能力目标。古诗文教育不仅仅是对古诗文作品的理解和解读，还需要培养学生的语言表达能力、鉴赏能力和创作能力。为此，教师可以通过多样化的教学活动，如诵读、演讲、欣赏、创作等，培养学生的语言表达能力、鉴赏能力和创作能力，以及综合运用语言的能力。

最后，教师还应明确素养目标。古诗文作为中国传统文化的重要组成部分，其背后蕴含着深厚的人文内涵和价值观念。为此，教师可以通过情感体验和价值观引导，让学生真正感受到古诗文作品中的情感内涵和人文关怀，培养学生正确的情感态度和价值观念。

（三）合理布置教学步骤和活动

在进行古诗文教学设计时，教师应注重合理分配教学步骤与安排教学活动，以促进学生深入理解和欣赏古诗文作品，同时培养他们的语言表达能力和审美情趣。下面将详细介绍如何进行合理布置教学步骤和活动。

首先，针对古诗文教学的整体设计，教师应该明确教学目标，确定学生需要掌握的知识点和技能。基于此，教师可以根据学生的年级和学科要求，为他们选择适合的古诗文作品，并设定相应的学习目标。从而培养学生的文化底蕴和审美情趣，提高他们的语言表达能力和阅读理解能力。

其次，在教学步骤的安排上，教师应该注意按照从浅入深、循序渐进的方法进行教学。可以按照以下步骤进行：

1. 导入环节

通过引发学生的兴趣和好奇心，激发他们学习古诗文的欲望。可以使用图片、视频、音频等多媒体资源，让学生对所学古诗文有初步的了解。

2. 拓展背景知识

为了让学生更好地理解古诗文作品，教师可以引导学生了解与作品相关的历史背景、文化内涵和作者的生平等信息。在此基础上，再进行讲解和讨论，以便让学生能够对古诗文的时代背景有更深入的认识。

3. 分析诗歌结构

让学生了解古诗文的基本结构，包括诗体、韵律以及各种修辞手法等。通过分析诗歌的形式特点，学生可以更准确地理解和欣赏古诗文作品。

4. 解读诗歌的意义

教师可以引导学生逐行解读诗歌，帮助他们理解诗歌中每个字词的含义，并由此分析诗歌中所要表达的思想和情感。同时，教师还应鼓励学生发表自己对这首诗歌的见解或理解，激发他们在课堂上参与的积极性。

5. 探究文化内涵

通过深入研究古诗文作品中的文化内涵，可以帮助学生理解其中蕴含的价值观和思想精髓。为此，可以通过小组讨论、展示报告等形式来进行，以培养学生的合作学习和思辨能力。

6. 创作或表演活动

为了培养学生的语言表达能力，教师可以组织学生进行古诗文的创作或表演活动。比如，学生可以以古诗文作品为蓝本，对它进行模仿、改编或创作，以此展示他们的想象力和创造力。

7. 综合评价

在教学活动结束时，教师可以通过作业、小测验或展示等方式对学生的学习成果进行综合评价。这有助于教师了解学生的学习进程，并为后续教学提供反馈和调整。

除了上述教学步骤的合理设置外，教师还可以结合一些具体的教学活动来加深学生对古诗文的理解和欣赏。例如，可以组织学生进行古诗文朗诵比赛、写作分享会、古风服装秀等活动，让学生在互动中感受古诗文的魅力，提升他们的学习热情和参与度。

（四）注重多元化的教学方法和手段

教师可以采用讲授法、示范法、讨论法、合作学习等多种教学方法，灵活运用教学手段，激发学生的学习兴趣和积极性，提高教学效果。通过多元化的教学方法和手段，教师可以满足不同学生的学习需求和能力水平。

首先，教师可以采用讲授法。在课堂上，教师可以通过讲解古诗文的背景知识、诗歌形式、意境表达等内容，帮助学生建立起对古诗文的整体认知和理解。同时，教师还可以通过讲解优秀古诗文作品的解读方法和技巧，培养学生独立阅读和理解古诗文作品的能力。

其次，教师可以采用示范法。通过教师的朗读和演示，让学生感受古诗文作品的音韵美和意境美。教师可以自己进行优美诗歌的朗读，或者邀请专业朗诵者来校进行示范演示，让学生通过模仿和学习，提高自己的诵读和表演能力。

再次，教师还可以采用讨论法。通过小组讨论、班级讨论等方式，让学生在讨论中互相交流、思考和分享对古诗文作品的理解和感受。在讨论过程中，教师可以设立问题引导学生的讨论，培养他们的思辨能力和团队合作精神。

最后，教师之间可以进行合作学习。通过分组合作、小组合作等形式，让学生共同阅读、欣赏、创作古诗文作品。教师可以设计合作学习任务，让学生在合作中相互协助、共同建构知识，培养他们的合作意识和互助精神。

（五）关注教学过程中的情感体验和价值观教育

古诗文作品蕴含着深厚的情感和价值观，教师应通过情感体验和价值观引导，让学生真正感受到古诗文作品中的情感内涵和人文关怀，培养学生正确的情感态度和价值观念。关注教学过程中的情感价值观教育有助于提升学生的综合素养和人文关怀能力。

首先，教师可以通过情感体验活动，让学生深入感受古诗文作品中所要表达的情感。教师可以设计相关的情感体验活动，如情感朗读、情感写作等，引导学生通过朗读、写作等方式，真实地表达自己对于古诗文作品中情感的理解与感受，增强学生对于情感的感知和表达能力。

其次，教师还应注重价值观教育。古诗文作品不仅仅是艺术的表现形式，更是一种传递价值观念和思想的载体。教师可以通过对古诗文作品的讲解和解读，引导学生认识其中所蕴含的人文关怀和人生智慧，培养学生正确的价值观念和人文素养。

另外，教师还可以组织学生进行相关的课外阅读和研究活动，拓宽学生的文化视野和思维方式。通过让学生接触更多的古代文化经典，了解中国传统文化的精髓，帮助学生更好地理解和欣赏古诗文作品中的情感和价值。

总之，在古诗文教学中，教师应重视学生的情感体验和价值观教育。通过情感体验和价值观引导，教师可以让学生真正感受到古诗文作品中的情感内涵和人文关怀，培养学生正确的情感态度和价值观念，提升学生的综合素养和人文关怀能力。

二、灵活运用不同的教学策略和手段

（一）启发式教学策略

启发式教学策略是一种让学生主动参与、自主思考和独立发现的教学方法。教师可以通过提问、问题引导、情境设置等方式激发学生的思考和主动探究，培养其创造性思维和批判性思维能力。

1. 提问

教师可以使用开放性的问题引导学生思考和讨论，激发他们的好奇心和求知欲。例如，教师可以问学生"你认为这首古诗描绘了怎样的画面？""作者在其中表达了什么样的情感？"等问题，引导学生深入分析和解读诗歌。

2. 问题引导

教师可以设置一系列相关问题，引导学生逐步探索和解决问题。例如，通过一首古诗，教师可以提问学生"诗中有哪些修辞手法？它们对表达的作用是什么？""这首诗的主题是什么？作者是如何通过诗意表达主题的？"等问题，让学生通过思考和讨论，逐渐把握古诗的艺术特点和意义。

3. 情境设置

教师可以创造一个情境，让学生置身于古代的社会环境中，体验古人的生活和思维方式。例如，教师可以让学生模拟古代诗人的创作过程，让他们扮演古代文人，去观察自然景物、倾听音乐等，通过这样的情境营造，激发学生的创作灵感和情感体验。

通过启发式教学策略，教师可以激发学生的主动性思维、创造性思维和批判性思维，培养他们对古诗文的热爱。

（二）多媒体技术和资源的运用

现代多媒体技术为教学提供了丰富的资源和工具，教师可以灵活运用多媒体技术和资源，如投影仪、电子白板、音频视频材料等，将古诗文作品进行图像、声音的呈现，使学生能够直观感知和体验古诗文作品的魅力和艺术性。

1. 图像呈现

教师可以准备一些与古诗文内容相关的图像素材，通过投影仪或电子白板的形式进行展示，让学生直观地感受古代文化的丰富性和多样性。例如，在讲解古代山水诗时，教师可以展示一些名家山水画作品，让学生通过观察画面，感受艺术家对山水景象的感悟和表达。

2. 声音呈现

教师可以使用音频材料，播放相关的古音乐或朗读录音，帮助学生更好地理解和感受古诗文的韵律和语调。例如，在讲解古代诗歌的韵律时，教师可以播放相关韵律的音频，让学生通过听觉的方式体验诗歌的美妙意境。

3. 视频材料

教师可以收集一些与古诗文相关的视频资料，如古代文化展示、戏曲表演等，通过播放视频，让学生亲身感受古代文化的内涵和意蕴。例如，教师可以播放一些古代戏曲片段，让学生了解古代文人的艺术修养和表现方式。

通过多媒体技术和资源的运用，教师可以丰富教学内容，提升学生的学习兴趣和参与度，使古诗文的教学更加生动有趣和易于理解。

（三）合作学习和小组讨论

合作学习和小组讨论是一种促进学生互相交流、合作探索和共同学习的教学方式。教师可以设计合作学习和小组讨论的教学活动，让学生在团队中互相交流与合作，共同探索、分析和解读古诗文作品，促进相互之间思想的碰撞和知识共享，提高学生的学习效果和团队合作能力。

1. 小组合作

教师可以将学生分成小组，每个小组负责解读和讨论一首古诗文作品。学生可以互相讨论，分享各自的见解和理解，达成共识，并汇报给全体学生，促进学生彼此之间的互动和合作。

2. 角色扮演

教师可以要求学生在小组内担任不同的角色，如作者、评论家、读者等，让学生通过角色扮演的方式进行讨论和辩论。这样可以使学生更好地理解和解读古诗文作品，培养他们的批判性思维和表达能力。

3. 合作探究

教师可以设计一些探究性的活动，将学生分为不同的小组，以小组为单位去完成。例如，教师可以要求学生在小组内选择一首古诗文作品，进行深入研究和分析，然后向全班展示自己的研究成果。

通过合作学习和小组讨论，学生可以互相启发、协作解决问题，分享不同的观点和见解，拓宽思维广度，加深对古诗文作品的理解和欣赏。

（四）文化体验和实践活动

教师可以组织学生参观文化展览、书法展示等活动，亲身感受和体验古代文化的博大精深，激发学生对古诗文的兴趣和热爱，增强学生的文化认同感和自豪感。

1. 参观文化展览

教师可以带领学生参观有关古代文化的展览或博物馆，让学生亲自接触和感受古代文物、艺术作品和历史遗迹，了解古代文化的活力和魅力。

2. 书法展示与体验

教师可以邀请专业书法家来校进行书法展示和指导，让学生亲自体验中国书法的艺术魅力，了解古代文人对于书法的追求和表达方式。

3. 古代乐器演奏

教师可以请专业音乐家来校进行古代乐器演奏，让学生亲身感受古代音乐的特点和魅力，加深对古代诗歌中音乐元素的理解与欣赏。

通过文化体验和实践活动，学生能够亲身感受和体验古代文化的精髓和魅力，提升对古诗文作品的理解和欣赏水平。

（五）创新教学设计和组织方式

教师可以结合学生的学习需求和特点，创新教学设计和组织方式，例如采用角色扮演、游戏化教学等形式，使课堂更加生动有趣，激发学生参与的积极性。

1. 角色扮演

教师可以要求学生在课堂上扮演古代文人、古代名人等角色，通过角色扮演的方式，让学生更好地理解和体会古代文人的思维方式和情感表达。

2. 游戏化教学

教师可以设计一些与古诗文相关的游戏活动，如填词接龙、诗歌朗诵比赛等，通过游戏化的形式激发学生的兴趣和积极性，提高他们对古诗文的学习效果。

3. 情景再现

教师可以为学生创造一个情景，让他们在特定的场景中体验古代文化和古代生活。例如，在讲解古代田园诗时，教师可以把课堂布置成仿古园林的样子，让学生在这个环境中感受田园诗的韵味和意境。

通过创新教学设计和组织方式，教师可以激发学生的兴趣和参与度，提高其学习积极性和效果，使古诗文的教学更加生动有趣和易于理解。

三、设计丰富多样的教学活动和任务

（一）文本分析和鉴赏

教师可以通过讲解诗词的语言特点、修辞手法、意象艺术等内容，引导学生对古诗文进行深入分析和细细品味，提高学生的阅读理解能力和审美鉴赏水平。

在教学中，教师可以以典型的古诗文作品为例，分析其语言特点和表现手法，如运用音韵、押韵、对仗等形式美，通过讲解和解读，帮助学生理解古诗文的语言之美。教师还可以解读古诗文中使用的修辞手法，如比喻、拟人、夸张等，帮助学生理解古诗文的表达技巧和艺术效果。

在授课过程中，教师可以通过示范和实践，引导学生进行古诗文的诗意解读。例如，通过分析古诗文中的意象艺术，如山水、花鸟、天象等，引导学生发现其中的情感表达和隐含的意义。教师还可以与学生共同探讨古诗文作品中的含义和主题，帮助学生从多角度、多层次理解古诗文的内涵。

通过文本分析和鉴赏，学生能够深入了解古诗文的艺术之美，提高对于语言特点、修辞手法和意象表达的敏感度，从而进一步提升阅读理解能力和审美鉴赏水平。

(二)创作与表达

教师可以组织学生进行模仿古诗文的创作活动,让学生通过模仿古代诗词的形式和风格,表达自己的思想感情和对生活的体验,培养学生的创造力和表达能力。

在进行创作教学时,教师可以先以经典古诗文为范本,解读其结构、用词、意象等方面的特点,让学生在充分理解的基础上进行创作。教师可以引导学生选择适合自己的题材和表达方式,并通过指导和反馈帮助他们完善作品。

创作过程中,教师可以组织学生进行交流和互评,让他们在小组或班级中共同分享和讨论彼此的作品。通过互相借鉴和批评指正,学生能够不断改进自己的创作,提高表达能力和艺术水平。

此外,教师还可以组织一些古诗文的创作比赛或朗诵演出,让学生有机会展示自己的作品和表演能力。通过参与这些活动,学生可以进一步培养自信心和表达能力,提高对古诗文的理解和欣赏能力。

通过创作与表达,学生不仅加深了对古诗文的理解和熟悉度,同时也锻炼了自己的创造力和表达能力,进而在文学创作和艺术表达方面得到全面的发展。

(三)朗诵与演绎

教师可以组织学生进行古诗文的朗诵和演绎,让学生通过声音、语调、肢体语言等形式,将古诗文作品进行生动呈现,以提高学生的口头表达能力和艺术表演能力。

在朗诵和演绎教学中,教师可以引导学生分析古诗文的情感表达和节奏感,通过练习朗诵,使学生能够准确把握古诗文的韵律和语气,使之更具生动感和感染力。教师还可以指导学生运用肢体语言和面部表情,将古诗文的意境和形象通过身体语言进行演绎,提高表演能力和艺术表达能力。

在朗诵和演绎过程中,教师可以组织学生进行个人或小组的表演,让他们有机会展示自己的朗诵和演绎才华。教师可根据不同学生的特长和潜力,进行个别指导和培养,帮助他们发展自己的表演风格和艺术特点。

通过朗诵与演绎,学生可以培养自信心和表达能力,提高口头表达能力和艺术表演能力,同时也能够更加深入地理解和感受古诗文作品的魅力和情感内涵。

（四）阅读拓展与扩展

教师可以引导学生进一步拓展古诗文的阅读领域，与其他国家或地区的古典文学进行对比研究，做跨文化比较阅读。通过此种方式培养学生的跨文化理解能力和批判性思维能力。

在阅读拓展与扩展教学中，教师可以引导学生阅读其他国家或地区的古典文学作品，如日本的和歌、英国的莎士比亚戏剧等。通过对比分析不同文化背景下的古典文学作品，学生可以加深对古诗文的理解，培养跨文化交流能力。

教师还可以组织学生进行研究性阅读或写作，让他们选择一个特定的主题或问题，通过阅读相关的古诗文和研究资料，进行深入探索和论证。通过这样的学习方式，学生能够进一步发展批判性思维和独立研究能力，提高对古诗文的理解和分析能力。

通过阅读拓展与扩展，学生可以开阔视野，了解不同文化背景下的古典文学作品，培养了跨文化理解能力和批判性思维能力，丰富了他们对于古诗文及其背后文化的认识和理解。

四、创新评价方式，提供有效的学习反馈

（一）课堂表现评价

教师可以通过观察学生的课堂表现，包括参与度、思考深度、问题提问等方面，评价学生对古诗文教学的理解和掌握情况。

1. 参与度评价

教师可以观察学生在课堂上的积极参与程度，包括对主动回答问题、提出自己的见解、积极参与讨论等方面的评价。参与度高说明学生能够主动思考和表达，对课堂内容有较好的理解和兴趣。

2. 思考深度评价

教师可以通过观察学生对问题的思考深度来评价他们对古诗文的理解程度。如学生能够从多个角度分析问题、提出有深度的见解，反映出他们对古诗文内涵的理解能力较强。

3.问题提问评价

教师可以评价学生在课堂上提出的问题是否具有启发性和深度。好的问题能够引发他人的思考，促进讨论和探究，提出的问题是否具有启发性和深度，体现学生对古诗文内容的思考和理解。通过学生的课堂表现可以了解他们对古诗文作品的掌握情况，如果发现有不适合的情况，教师应及时调整教学策略，帮助学生提高对古诗文的理解和应用能力。

（二）作品评价

教师可以评价学生的作品，包括诗词创作、作文、朗诵、演讲等，通过作品的质量和表现力来评价学生对古诗文知识和技能的掌握程度。

1.诗词创作评价

教师可以评价学生的诗词创作作品，包括词句表达的准确性、形象描绘的生动性、节奏韵律的协调性等方面。优秀的诗词作品往往能够通过作品准确表达思想情感，具有独特的艺术魅力。

2.作文评价

教师可以评价学生与古诗文相关的作文，包括文章结构的合理性、观点的逻辑性、语言表达的准确性等方面。优秀的作文大都能够清晰地表达主题，行文流畅，语言优美。

3.朗诵、演讲评价

教师可以评价学生的朗诵或演讲表现，包括语音语调的处理、情感的传递、形象表达的准确性等。优秀的朗诵或演讲能够生动展现古诗文的韵味和内涵，引发观众的共鸣。

通过评价学生的作品，教师可以帮助学生发现自己的不足之处，并针对这些不足提供具体的建议和指导，促进学生的古诗文创作创造力和表现力的提升。

（三）个人反思和自评

教师可以引导学生进行个人反思和自评，让学生对自己在古诗文学习中的收获和不足进行深度思考和总结，以此提高学生的自我认知和学习动力。

1.学习收获反思

学生可以反思自己在古诗文学习中的收获，包括对古代文化的理解、对古诗文情感的认知、学习方法的改进等。通过反思，学生能够加深对学习过程的认识，从而发现更有效的学习策略和方法。

2. 不足之处自评

学生可以对自己在古诗文学习中存在的不足之处进行自我评价，如对某些古代词句的理解不够深入、表达能力欠缺、学习态度不够积极等。自评能够帮助学生认识到自身存在的问题，并激励他们主动寻求改进。

通过个人反思和自评，学生能够更加全面地了解自己在古诗文学习中的表现和不足之处，从而有针对性地调整学习策略，提高学习效果和成绩。

（四）综合评价和多样化评价方式

教师可以采用综合评价的方式，结合不同评价要素和评价方法，多角度评价学生的学习成果和综合素养，如口头答辩、评价报告、学习档案等。

1. 口头答辩

教师可以组织学生进行口头答辩，让学生就某一古诗文作品进行阐述和解读。通过听取学生的答辩，教师可以评估学生对古诗文的理解和掌握情况，以及他们的思维逻辑能力和表达能力。

2. 评价报告

教师可以要求学生撰写评价报告，总结自己在古诗文学习中的收获和不足，并提出改进措施和目标。通过评价报告，教师可以了解学生的学习态度和思考能力，从而为学生的学习提供有针对性的指导。

3. 学习档案

教师可以建立学生的学习档案，记录学生在古诗文学习中的表现、作品、评价结果等。学习档案可以综合评估学生的学习历程和成长情况，为教师和学生提供全面的参考和反馈。

通过综合评价和多样化的评价方式，教师可以更全面地了解学生的学习状况和发展情况，以便针对性地进行教学指导和支持，促进学生的全面成长和发展。

五、不断进行教学反思和专业成长的培养

（一）建立反思机制

教师应建立起系统的教学反思机制，通过定期的教学反思活动，对自己的教学进行深入的思考和总结。反思后可以将反思的内容记录下来，包括教学设计的有效性、学生学习情况的反馈、教学方法的改进等方面，以便于对教学方法做进一步分析和调整。

在反思过程中，教师需要审视自己的教学目标是否达成，教学策略是否适用，学生是否受益，并将这些问题记录下来。通过仔细观察和分析，发现教学中存在的问题和不足，并思考如何改进和提升。同时，教师也要注意倾听学生的声音，了解他们对教学的感受和意见。可以通过课堂讨论、问卷调查、个别面谈等方式，征求学生的反馈和建议。从学生的角度出发，了解他们对教学的评价和需求，从而更好地调整和优化自己的教学方法和教学内容。

通过这样的反思和沟通，教师能够不断提升自己的教学水平，并改善教学质量。同时，教师还可以将反思成果与同事分享，进行经验交流和互相学习，共同推动教学的发展。

（二）参与专业交流和研讨

教师应积极参与学科教研活动，与同行进行经验交流和教学研讨，从而借鉴他人的教学经验和教学方法，不断提升自己的教学设计和实施能力。

可以通过组织教研活动、参加学科组会议、参观其他学校的课堂等方式，与同行进行交流和分享。在交流过程中，教师可以分享自己的教学心得和经验，也可以向其他教师请教和学习。通过互相借鉴和启发，教师们可以共同思考和解决教学中遇到的问题，通过这种方式提高教学效果和教学质量。

此外，教师还可以参加与学科相关的研讨会和学术会议，了解最新的教育理论和教学研究成果。通过与学术界的交流和互动，教师可以拓宽自己的学术视野，通过吸收先进的教学理念和方法，推动自己的教学实践开展和专业成长。

（三）关注教育前沿和学科研究

教师应关注教育领域的前沿动态和学科研究成果，了解最新的古诗文教育理

论和教学方法，通过自主阅读和参加学术会议等方式，不断更新自己的知识储备和教学观念。

可以定期关注教育类期刊、杂志和学术网站，了解最新的教育研究成果和教学案例。同时，教师还可以主动参加相关的学术讲座和研讨会，听取专家学者的分享和演讲。通过不断的学习和深化自己的学科知识，教师可以更好地理解古诗文的内涵和价值，为学生提供更高质量的教学内容和指导。

（四）持续学习与培训

教师可以参加相关的培训班、教学研修班和学科研讨会，不断学习，更新自己的教学理念和教学技能，提高教学设计和实施能力。

可以选择参加由教育部门、教育机构或学校组织的教学培训班和研修活动，深入学习有关古诗文教育的最新理论和实践经验。同时，也可以参加学科相关的研讨会和学术年会，与同行共同交流和学习。

通过持续的学习和培训，教师可以不断更新自己的教学知识和技能，拓宽教学视野，提高教学效果和专业水平。同时，也可以获取相应的教育认证和职称评定，为个人的教育事业发展打下坚实的基础。

参考文献

[1] 马月华. 小学语文古诗文教学语感培养初探[J]. 小学生(下旬刊),2023(05):112-114.

[2] 陈科. 学经典诗文 闻古韵之香——谈小学语文古诗文教学[J]. 小学生(上旬刊),2023(05):139-141.

[3] 王小红. 小学语文教学中古诗文诵读的策略研究[J]. 学苑教育,2023(10):37-38+41.

[4] 陆思彤,廖纪乐,陆柳廷. 少儿古诗文游戏卡在小学古诗文教学中的应用探究[J]. 对联,2023,29(14):31-33.

[5] 林雅英. 小学语文古诗文教学策略研究[J]. 教师,2023(18):12-14.

[6] 田斌. 小学古诗文多样化教学策略探究[J]. 教师,2023(18):15-17.

[7] 刘春敏. 语文核心素养下的小学古诗词教学探究[J]. 学苑教育,2023(18):32-33+36.

[8] 张婧. 小学古诗文吟诵教学实践初探[J]. 语文世界(小学生之窗),2023(07):51.

[9] 徐红红. 春风化雨——古诗文诵读在小学语文德育渗透中的应用[J]. 家长,2023(18):132-134.

[10] 田淑惠. 小学古诗文教学中渗透文化自信的策略探究[J]. 考试周刊,2023(30):45-48.

[11] 蔡思博. 小学语文古诗文教学策略探究[J]. 启迪与智慧(上),2023(07):43-45.

[12] 胡婧. 浅谈基于浸润式教学方法视角的小学古诗词教学[J]. 新智慧,2023(17):123-125.

[13] 章玉婷. 文化自信背景下小学古诗文教学传承传统文化策略研究[J]. 安徽教

育科研 ,2023(22):30-32.

[14] 李章萍 . 古诗文教学中的劳动教育浅析 [J]. 小学教学参考 ,2023(21):93-95.

[15] 彭治平 . 核心素养视域下小学古诗文教学探究 [J]. 试题与研究 ,2023(28):112-114.

[16] 向尧 . 新课标下小学语文教学方法创新思考 [J]. 教育界 ,2023(26):74-76.

[17] 朱皓月 . 古韵古香，诗词悠远——小学语文经典古诗文诵读教学初探 [J]. 中华活页文选 (教师版),2023(09):73-75.

[18] 邱佳文 . 小学中段古诗吟诵教学的行动研究 [D]. 漳州：闽南师范大学 ,2023.

[19] 牛昕玥 . 指向思维能力培养的小学高段古诗文教学策略研究 [D]. 天津：天津师范大学 ,2023.

[20] 李瑞琳 . 小学古诗文中的生命意识教育研究 [D]. 重庆：西南大学 ,2023.

[21] 吴娟利 . 指向深度学习的古诗文教学探索 [J]. 语文教学通讯·D 刊 (学术刊),2023(07):72-74.

[22] 董璐 , 高琨 . 小学高年级古诗文教学有效策略探析 [J]. 长春教育学院学报 ,2023,39(04):110-114.